Maîtriser ses recrutements

Maîtriser ses recrutements

Comment réaliser un recrutement avec professionnalisme

Hélène de FALCO

3e édition

DUNOD

ISBN 2 10 049786 3

Table des matières

Introduction 1

CHAPITRE 1 ■ **Le processus de recrutement** 3

La définition du besoin 4
La recherche des candidats 4
La présélection sur dossiers de candidature 4
Le(s) entretien(s) de recrutement 5
La décision d'embauche 5
La période d'essai 5
L'embauche définitive 5

CHAPITRE 2 ■ **La définition du besoin** 7

Rédiger la description du poste à pourvoir 8
L'intitulé du poste 9
La mission 9
Le contexte 9
Le contenu du poste 9
La rémunération 10
Les conditions matérielles et contraintes spécifiques 11
Établir le profil du poste 18
Les compétences 19
Les caractéristiques de personnalité 20

Les données relatives aux études, au parcours professionnel et autres données d'état civil 21
Les complémentarités par rapport à l'équipe 28
Le choix du contrat de travail 37

CHAPITRE 3 ■ **La recherche des candidats** 41
Cibler une filière de recrutement 41
L'anpe 41
L'apec 42
Les candidatures spontanées 42
Le réseau relationnel 43
La cooptation 43
Les annonces dans la presse 44
Internet 44
Les écoles et les universités 46
La lecture des demandes d'emploi 46
L'intérim 47
Les autres filières 47
Rédiger une annonce 48
Informer de l'offre d'emploi 48
Inciter les candidats à postuler 48
Présélectionner 49
La législation en la matière 49
Comment rédiger une annonce 52

CHAPITRE 4 ■ **La présélection sur dossiers de candidature** 57
Établir une grille de présélection 58
Les questions standard à se poser sur une candidature 59
Les questions de base à se poser concernant le CV 60
Les questions découlant du profil de poste 60
Les questions apparaissant à la lecture du dossier de candidature 60
Sélectionner les candidats à recevoir en entretien 66
Affiner la présélection par un entretien téléphonique 66
Convoquer à l'entretien 68
Informer des réponses négatives 69

CHAPITRE 5 ■ **L'entretien** 75

La chronologie d'un entretien de recrutement 77

L'accueil du candidat 77

La recherche des informations complémentaires par rapport au CV et à la lettre de candidature 79

Les critères de motivation 81

La validation des compétences 85

La vérification des caractéristiques de personnalité 86

La présentation de l'entreprise et du poste 87

La conclusion de l'entretien 89

La législation relative aux entretiens de recrutement 90

Savoir écouter 90

Distinguer faits, opinions et sentiments 91

Comment utiliser les faits et les opinions 95

Savoir poser des questions 97

Conjuguer l'écoute et l'art de poser des questions 101

Canaliser le feeling 105

Préparer un guide d'entretien 107

Respecter sept règles pour réussir ses entretiens 134

Gérer quelques situations particulières 135

Le candidat est très tendu 135

Le candidat ne parle pas 136

Le candidat n'apporte spontanément aucune information sur sa vie privée 136

Le candidat s'est présenté seulement pour justifier de sa recherche d'emploi auprès de l'ANPE 137

Le candidat n'a apporté qu'une partie des documents demandés 137

Le candidat « débite » son argumentaire 138

Le candidat est gêné par une demande d'informations auprès d'un employeur précédent 138

Le candidat, de façon manifeste, ne correspond pas à votre besoin 139

Le candidat fond en larmes 139

Le candidat dont les revenus sont plus élevés au chômage 140

Le candidat accepte une baisse de revenus 140

Le jeune candidat vient à l'entretien accompagné de sa mère 140

CHAPITRE 6 ■ **Choisir le candidat** 141

Analyser les candidatures 141

Exploiter les notes prises pendant l'entretien 141

Analyser les critères de motivation 142

Faire un bilan des compétences et caractéristiques de personnalité par rapport au profil du poste 142

Analyser les compétences et les caractéristiques de personnalité 143

Quelles sont mes impressions sur le candidat ? 143

Comment faut-il le manager ? 144

Est-ce que je retiens la candidature ? 144

Prendre des références auprès des employeurs précédents 145

Approfondir la candidature à l'aide d'un second entretien 146

Se décider pour un candidat 149

CHAPITRE 7 ■ **La période d'essai** 153

Accueillir le nouvel embauché 153

Structurer la prise de fonction 154

Piloter la période d'essai 155

CHAPITRE 8 ■ **L'embauche définitive** 159

Décider de l'embauche définitive 159

Conclusion 161

Annexes 163

Liste des principales caractéristiques de personnalité 165

100 questions à poser à un candidat 169

Les principales méthodes utilisées en recrutement 175

L'entretien de groupe 175

Le jury 176

La graphologie 176

Les tests 177

Les centres d'évaluation 178

Corrigés des exercices 179

Introduction

Un grand moment de solitude ! Tel est le sentiment qu'éprouvent un certain nombre de managers amenés à recruter eux-mêmes leurs collaborateurs sans avoir la possibilité de faire appel à des spécialistes internes ou extérieurs à l'entreprise. Vous assumez seuls et le plus souvent de façon ponctuelle cet acte de management lourd des engagements qu'il implique. Ce livre a pour objectif de vous apporter une méthode de travail simple et efficace, utilisable lors de chacun de vos recrutements quel que soit le poste que vous avez à pourvoir. Cette méthode vous permettra d'accroître la fiabilité de vos choix et d'optimiser les moyens mis en œuvre, notamment le temps que vous allez y consacrer. Il n'a pas pour objectif de vous transformer en un professionnel du recrutement, mais de vous permettre de réaliser vos recrutements avec professionnalisme.

En effet, sans formation particulière et avec pour tout bagage votre bon sens et la connaissance du poste à pourvoir, vous allez devoir faire le « bon choix ». Alors commence la symphonie inachevée des « comment » :

- Comment trouver des candidats ?
- Comment sélectionner les candidats à convoquer à l'entretien quand, après une première sélection, on se trouve encore devant une pile de candidatures qui semblent intéressantes ?
- Comment mener l'entretien et quelles sont les questions à poser pour obtenir une information pertinente et de qualité sur le candidat ?
- Qu'est-ce que je peux demander à un candidat ?
- Quelles sont les bonnes questions ?
- Comment le faire parler ?
- Comment le mettre en confiance pour qu'il puisse s'exprimer... librement ?

- Comment choisir « le bon » ? etc.

Pour avoir, pendant de nombreuses années, participé à bon nombre d'actions de recrutement, j'ai été amenée à entendre ces questions et ces doutes que tout recruteur se pose avant et pendant toute cette opération complexe qui doit aboutir au meilleur compromis entre une offre et une demande. Ces doutes, ces questions, cette solitude m'ont donné envie de partager mon expérience avec celles et ceux qui ne peuvent faire appel à un recruteur professionnel. J'ai alors conçu deux types d'intervention : l'une est l'animation de stages de formation pour des groupes et l'autre une démarche de formation-action individuelle.

Ces interventions m'ont amenée à simplifier, à sortir du jargon technique, à dégager l'essentiel et à bâtir une méthode de travail aisément accessible et utilisable par tous.

Après analyse, il est possible de dire que le recrutement d'une personne pour une fonction bien définie, devant s'intégrer rapidement dans une structure déterminée, est un processus de gestion de l'information dont l'aboutissement est une décision pertinente. Il apparaît donc comme très important de pouvoir, dès le début du processus, obtenir des informations fiables et comparatives. Ensuite, il est indispensable de contrôler, de trier, de hiérarchiser, de stabiliser ce flot d'informations recueillies à l'aide d'un cadre de travail très strict. Il doit, de façon permanente, permettre de maîtriser la situation et autoriser une comparaison objective au travers des divers critères de sélection.

Mon projet étant de vous apporter une méthode de travail, ce livre est construit comme un guide. Il vous dirigera en suivant la chronologie d'un recrutement, depuis le moment où vous décidez de réaliser celui-ci jusqu'au choix final. Pour chaque étape vous seront donnés dans un premier temps les principes de base, les méthodes et outils à employer, puis des exemples concrets pour illustrer les notions théoriques. Tout au long du processus, les aspects légaux essentiels seront rappelés. En effet, en raison du développement de techniques de recrutement qui font appel à des méthodes d'évaluation dépassant très largement le cadre professionnel, le ministère du Travail a complété le Code du travail par un ensemble de dispositions relatives au recrutement et aux libertés individuelles.

Je souhaite que cet ouvrage soit pour vous un outil de référence pratique, utile et vivant et qu'il vous apporte « sécurité et fiabilité » dans tous les recrutements que vous allez réaliser et… réussir.

CHAPITRE 1

Le processus de recrutement

Pourvoir un poste est un acte de management essentiel qui, sous une apparente simplicité, est le résultat d'une démarche complexe. Le terme de processus, « enchaînement de phénomènes répondant à un certain schéma et aboutissant à un résultat déterminé », lui convient parfaitement bien. Il est constitué d'une succession de tamis dont les mailles, de plus en plus fines, doivent vous permettre de faire émerger le candidat le plus approprié à votre besoin.

Ce processus est composé de sept étapes.

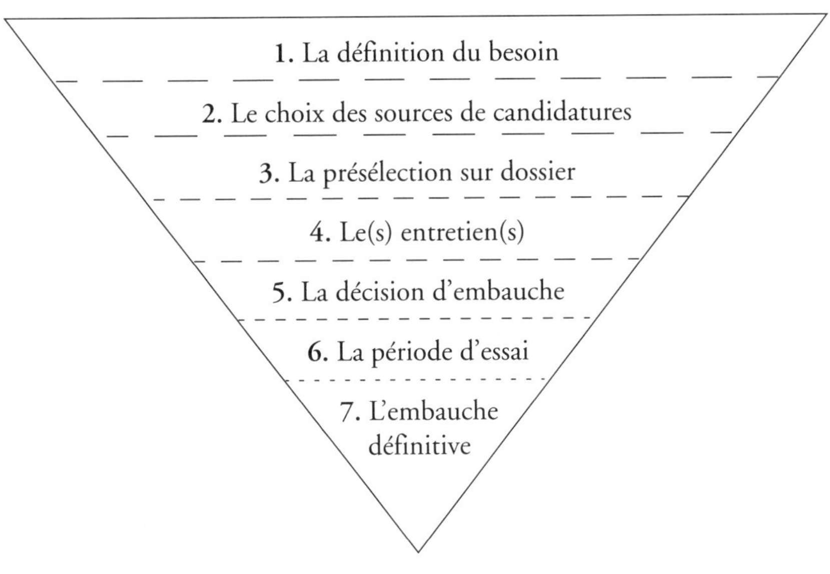

Le processus de recrutement : une pyramide en équilibre sur sa pointe

Ces étapes constituent un enchaînement de décisions dépendant les unes des autres. Chaque décision est un pas qui conduit au choix du candidat qui sera retenu. Ce sont la pertinence de vos critères de choix pour chacune des étapes et la fiabilité des informations sur lesquelles vous allez vous baser qui détermineront la qualité de votre décision finale.

De plus, il est important de « ne pas brûler les étapes ». En effet, une annonce ne peut être valablement rédigée que si l'on connaît de façon précise le contenu du poste et son profil ; un entretien ne peut être mené efficacement que si la présélection et l'analyse du dossier de candidature ont été bien faites, etc. Une grande partie de votre professionnalisme dépend de la rigueur avec laquelle vous suivrez le cheminement indiqué.

Ces sept étapes remplissent chacune un rôle bien précis.

La définition du besoin

Il est nécessaire, avant toute action de recrutement, de connaître avec précision le poste à pourvoir et de rédiger une description précise des tâches à effectuer. Puis, sur la base de cette description de poste, sera établi le profil de la personne qui pourra occuper cette fonction, compléter avec efficacité l'équipe existante, et en devenir rapidement partie intégrante.

La recherche des candidats

Les impératifs de cette deuxième étape sont « informer, inciter et présélectionner » les candidats éventuels correspondant au profil recherché. Vous avez à choisir la filière et/ou le support approprié, puis à rédiger avec soin l'offre d'emploi à diffuser afin d'atteindre ces personnes dans les meilleures conditions, de retenir leur attention et de les amener à poser leur candidature. Parallèlement, cette offre doit être suffisamment précise et explicite pour dissuader les candidats qui ne sont pas votre cible.

La présélection sur dossiers de candidature

Elle permet d'éliminer les candidatures contre-indiquées et de sélectionner les candidats qu'il convient de recevoir en entretien. Cette élimination se fait sur la base d'une grille d'analyse rigoureuse élaborée à partir du profil du poste. Toutes les candidatures (lettres et curriculum vitae adressés par les candidats) sont ainsi analysées selon les mêmes critères. Cette présélection sur dossier peut être complétée par une seconde présélection à l'aide d'un entretien téléphonique.

Le(s) entretien(s) de recrutement

Cette phase cruciale du processus doit vous permettre de collecter sur chaque candidat présélectionné toutes les informations utiles, complémentaires et indispensables pour étayer votre choix définitif. En effet, vous devez pouvoir évaluer, de façon rigoureuse et précise, la correspondance entre les compétences et caractéristiques personnelles du candidat et celles définies dans le profil dressé initialement.

La décision d'embauche

Le « crible » de l'entretien permet de sélectionner un nombre limité de candidats répondant aux critères fixés. Le choix définitif est effectué en vous appuyant sur des données objectives, comparables et hiérarchisées. Elles seules permettront de départager les finalistes et de faire émerger le candidat à embaucher.

La période d'essai

Il est indispensable de « piloter » réellement et personnellement cette phase importante d'une action de recrutement, d'autant que dans les faits elle s'avère très courte. Il faut vous donner les moyens de suivre l'adaptation du nouvel embauché à son poste, de multiplier les expériences pour tester en situation réelle ses aptitudes et ses réactions et de rassembler toutes les informations souhaitables pour, en dernier ressort, décider de l'embauche définitive.

L'embauche définitive

C'est la dernière décision de ce processus. Elle est aussi celle qui vous engage durablement dans une relation professionnelle. Elle est prise en fonction des données et informations complémentaires collectées tout au long de la période d'essai et destinées à valider votre choix.

Cette démarche est simple et logique, mais elle doit être suivie avec beaucoup de rigueur pour conserver toute son efficacité. Tout au long de votre progression, restez conscient du rôle essentiel de chacune des étapes à franchir et des décisions intermédiaires qu'elles supposent. Je vous le rappellerai d'ailleurs en tête de chapitre. Ces décisions, il importe de les préparer avec soin et méthode; alors vous réaliserez vos recrutements avec un maximum de professionnalisme.

Ce processus peut se dérouler dans différents contextes qui vont influer sur le parcours que devra suivre le candidat et sur un partage éventuel des tâches.

1. Vous êtes seul et vous recrutez votre unique collaborateur. L'ensemble du parcours vous incombe.
2. Vous êtes le manager d'une petite équipe. Vous pouvez enrichir la collecte des informations sur le candidat en faisant participer un ou plusieurs de vos collaborateurs au recrutement. Cela vous apportera des informations complémentaires et un autre regard. Vous pouvez associer vos collaborateurs dans la définition du besoin et lors de la réception des candidats, soit après le premier entretien, soit uniquement pour les finalistes.
3. Vous avez un hiérarchique : souhaite-t-il participer au recrutement ? à quel moment ? qui décide ?
4. Vous êtes dans une entreprise qui comporte une direction des ressources humaines. Là encore, il est essentiel de clarifier qui fait quoi ? quand ? qui décide ?

Ainsi, selon le contexte, un candidat peut être amené à rencontrer de une à parfois sept personnes de l'entreprise.

Établissez dès le début du processus le parcours que va suivre le candidat et le rôle de chacune des parties prenantes. En effet, il est important qu'un candidat ne subisse pas plusieurs fois le même entretien. Il faudra, par conséquent, sur la base de toutes les informations à collecter, en déterminer une répartition afin que le croisement des informations soit le plus riche possible.

Ce parcours sera à préciser au candidat lors du premier entretien.

CHAPITRE 2

La définition du besoin

> Il est nécessaire, avant toute action de recrutement, de connaître avec précision le poste à pourvoir et de rédiger une description précise des tâches à effectuer. Puis, sur la base de cette description de poste, sera établi le profil de la personne qui pourra occuper cette fonction, compléter avec efficacité l'équipe existante et en devenir rapidement partie intégrante.

Définir son besoin est la première des sept étapes du processus de recrutement; elle correspond aux fondations sur lesquelles vous allez construire votre édifice. Sénèque disait : « Il n'est pas de vent favorable pour celui qui ne sait vers quel port il se dirige. » En effet, quelle que soit l'action, s'il est utile de connaître les différentes étapes de la route, il importe, avant de s'engager, de définir avec précision la destination. Comment trouver le collaborateur dont vous avez besoin si vous ne savez pas qui vous recherchez ?

Recruter, c'est apporter une réponse à un besoin complexe. Ainsi, la qualité et l'efficacité de toutes les étapes qui suivent dépendent de cette définition précise de votre besoin qui comporte :

- la rédaction de la description de poste : que fera concrètement la personne ?
- l'établissement du profil du poste : quelles sont les compétences, expériences et caractéristiques de personnalité nécessaires pour remplir la fonction ?

Rédiger la description du poste à pourvoir

La description du poste est un exposé objectif et détaillé du poste à pourvoir, c'est la photographie de son contenu.

Beaucoup de personnes pensent qu'elles connaissent parfaitement le poste et ont tout dans la tête. Cela est probablement vrai mais incomplet pour garantir un travail de qualité. Écrire la description du poste permet de finaliser sa réflexion, de mieux en vérifier la cohérence et l'exhaustivité, de stabiliser les informations et, surtout, de fiabiliser la construction du profil. Cette rédaction est la condition de la fiabilité. De plus, elle sera une aide précieuse pour l'intégration du candidat embauché et une base solide de collaboration.

La description du poste comporte six rubriques :

1. l'intitulé du poste,
2. la mission,
3. le contexte (niveau hiérarchique, relations fonctionnelles, effectifs à manager),
4. le contenu du poste qui comprend d'une part les principales fonctions et, d'autre part, les différentes activités pour chacune des fonctions,
5. la rémunération,
6. les conditions matérielles et contraintes spécifiques.

Il est extrêmement important d'élaborer la description du poste tel qu'il sera lorsque la personne assumera pleinement la fonction qui lui sera confiée. En effet, l'erreur fréquemment commise est de baser son recrutement sur ce que l'on va demander au nouvel embauché lors de sa prise de fonction ; le risque est alors de réaliser un recrutement « minimaliste ». Il faut être certain, lors du recrutement, que la personne choisie a le potentiel pour assumer la totalité du poste, qu'elle parviendra dans un certain délai « au top » de ce que l'on attend d'elle. Pour prévenir les objections éventuelles, soulignons tout de suite que la subtilité va consister, lors de la définition du profil de poste, à être vigilant et à ne retenir que les compétences à avoir au moment du recrutement pour être certain que la personne assumera valablement les missions qui lui seront confiées.

Reprenons les points clés concernant ces six rubriques.

L'intitulé du poste

Une attention particulière est à porter à cet intitulé. En premier lieu, il nomme le poste et par là même lui donne son identité. Il doit donc être en cohérence avec le contenu du poste. En deuxième lieu, il doit correspondre aux classifications de la convention collective dont relève votre organisation. Et, enfin, en troisième lieu, il est préférable qu'il soit vécu comme valorisant par la personne qui tient le poste.

Il n'est pas besoin d'insister sur la différence d'impact des termes tels que vendeur et conseiller de vente, caissière et hôtesse de caisse, standardiste et téléhôtesse, secrétaire et assistante juridique, balayeur et technicien de surface, chef d'équipe et chef de secteur, etc.

La mission

Elle donne en quelques mots la raison d'être du poste. Elle oblige en une phrase ou deux à clarifier l'essentiel de la fonction et à définir ce qu'est pour le recruteur l'esprit du poste.

Le contexte

Il importe de positionner le poste à pourvoir dans son environnement en précisant :

1. l'organigramme, qui reflète l'organisation de l'entreprise et clarifie la position et le rôle du poste à pourvoir dans cet ensemble;
2. les relations hiérarchiques, à savoir de qui dépend le poste et quel est, pour un poste d'encadrant, l'effectif à manager;
3. les relations fonctionnelles, qui définissent les liaisons de coordination à établir avec différentes fonctions de l'entreprise.

Le contenu du poste

Il comporte les principales fonctions qui sont les domaines d'activité spécifiques et les responsabilités essentielles du poste. Elles constituent les têtes de chapitre de la description de poste.

Chaque fonction est déclinée en activités élémentaires et concrètes à réaliser. Il y a en général une chronologie propre à dérouler pour chaque fonction. Cette liste des activités doit permettre, même aux non-initiés, de comprendre parfaitement le travail à effectuer par le titulaire du poste. Chaque activité sera, le plus souvent possible, assortie du ou des critères de performance correspondants. Ils permettront d'identifier précisément comment le collaborateur saura que son travail est bien fait. Cette clarification est importante car la personne a ainsi une mesure précise de ce que l'on attend d'elle et ce sur quoi elle sera évaluée. Elle garantit que hiérarchique et collaborateur ont la même perception des éléments de mesure de l'efficacité. De nombreux dysfonctionnements et tensions dans la vie professionnelle, dus au fait que l'on n'a pas pris le temps de clarifier réellement et précisément ce que l'on attend les uns des autres, seront ainsi évités. Se souvenir que l'autre ne pense et ne perçoit pas forcément les choses comme nous, que les cadres de référence sont spécifiques à chacun. Deux outils peuvent nous aider à rédiger la description du poste :

- le ROME (répertoire officiel des métiers) ;
- les référentiels métiers de l'APEC.

La rémunération

Il n'est pas toujours facile d'évaluer la rémunération juste pour un poste, surtout si celui-ci est une création. Dans les entreprises d'une certaine dimension, la direction des ressources humaines ou le service du personnel fixe la fourchette de rémunération à partir de la politique salariale en vigueur dans l'entreprise. Dans les petites structures, le plus simple est de se baser sur la convention collective dont relève l'entreprise, les salaires pour des postes équivalents dans la région et les usages de la profession. Les syndicats professionnels sont également de bonnes sources d'information.

Il est souvent préférable de fixer une fourchette de rémunération dans laquelle vous gardez une « marge de manœuvre » en fonction du niveau du candidat. Il est fondamental de bien clarifier tous les paramètres de la rémunération afin d'être précis avec les candidats et leur éviter des surprises désagréables qui pénaliseront leur relation à l'entreprise. Il vous faut donc préciser le salaire brut et net et les compléments éventuels : primes, participation, intéressement, treizième ou quatorzième mois, etc. Selon le niveau du poste, vous présenterez une rémunération calculée mensuellement ou annuellement.

Les conditions matérielles et contraintes spécifiques

Dans cette rubrique nous trouvons le type de contrat de travail, la classification, le temps de travail, les horaires, le lieu et les clauses particulières comme la mobilité ou la non-concurrence. Ces données seront complétées par les aspects particuliers liés aux conditions de travail dont il faudra tenir compte dans le recrutement et qu'il sera important d'évoquer avec les candidats lors de la présentation du poste : par exemple porter une tenue particulière, mettre des chaussures de sécurité, travailler à la lumière électrique, ne pas pouvoir quitter son poste, porter des charges lourdes, rester debout tout le temps, travailler sur écran toute la journée, avoir un moyen de locomotion, assurer des astreintes, etc.

En dernier lieu, il reste à préciser les moyens mis à disposition tels un véhicule de fonction, un ordinateur portable, un téléphone mobile, etc.

Lors d'un recrutement, l'on se trouve confronté à deux principaux cas de figure : un remplacement ou une création de poste.

S'il s'agit d'un remplacement, lorsque cela est possible, il est tout à fait souhaitable de faire décrire, dans une première ébauche, son poste par la personne qui va être remplacée car c'est elle qui le connaît le mieux et qui le vit de l'intérieur. Toutefois, tout recrutement est une occasion d'évolution pour une équipe, quelle que soit sa dimension. C'est une excellente occasion de se remettre en question, de bousculer les habitudes et de réfléchir aux améliorations à apporter au fonctionnement du système. C'est pourquoi, après la réalisation d'une description du poste à l'identique, il est intéressant d'analyser les changements à apporter pour optimiser la performance globale de l'équipe.

S'il s'agit d'une création de poste, le manque d'antécédents rend la description de celui-ci moins facile. En effet, le poste va, le plus généralement, être constitué d'une partie des activités de celui qui recrute et/ou d'une partie des activités d'autres personnes de son équipe auxquelles vont s'ajouter de nouvelles tâches non encore effectuées. Ce n'est donc plus une évolution comme précédemment mais une réelle révolution. Il est dans ce cas important de vérifier plus particulièrement la cohérence du poste tel qu'il est décrit, de mesurer les conséquences sur le fonctionnement « habituel » et par là même les risques de dysfonctionnements, d'en évaluer la charge de travail et, enfin, de définir tous les moyens dont la personne aura besoin pour remplir cette fonction.

Selon le type de poste pour lequel un manager recrute, il est essentiel d'intégrer dans sa réflexion une réelle démarche prospective. Comme l'a écrit Hervé Serieyx « un leader doit imaginer ce qui pourrait être à partir de ce qui existe et mobiliser l'ensemble des ressources derrière sa vision de l'avenir ». Il s'agit donc d'anticiper les évolutions technologiques, économiques, structurelles… de devancer les besoins à venir afin de disposer du potentiel humain et des compétences qui vont préparer et favoriser la mise en œuvre de la « vision » qu'a le manager de l'avenir (à moyen et long terme) de son entité.

Afin d'illustrer les propos qui précèdent, vous trouverez ci-après quatre descriptions de poste qui nous serviront d'illustration tout au long du processus de recrutement.

Exemple 1 : Webmaster dans la société X

MISSION : optimiser la gestion éditoriale et l'exploitation opérationnelle du site Internet de la société, en adéquation avec la stratégie de l'entreprise et afin de proposer aux internautes un site convivial.

CONTEXTE : le webmaster dépend hiérarchiquement du Responsable Technique. Il est en relation avec toutes les entités de l'entreprise pouvant lui fournir des informations en rapport avec le contenu éditorial du site et avec les interlocuteurs et prestataires externes.

CONTENU DU POSTE :

1. La gestion éditoriale pour assurer l'intérêt et la cohérence du site

- Participer à la définition du contenu éditorial.
- Assurer l'actualisation du site.
- Gérer la mise à jour du site.
- Suivre et exploiter les informations issues des sites de la concurrence.
- Suivre les statistiques de consultation du site.

2. L'exploitation technique afin d'optimiser la fiabilité technique du site :

- Assurer la maintenance technique du site.

- Piloter les prestations techniques assurées par les intervenants internes et externes.
- Veiller à la sécurisation du site.
- Assurer l'intégration des nouvelles fonctionnalités applicatives et techniques.

RÉMUNÉRATION : X euros brut par mois × 13,5 + prime sur objectifs.

CONDITIONS MATÉRIELLES ET CONTRAINTES SPÉCIFIQUES :

- Contrat à durée indéterminée.
- Statut : cadre.
- Lieu : Strasbourg.
- Horaire : forfait annuel jours = 214 jours de travail par an.

Exemple 2 : Assistant(e) juridique dans un cabinet d'avocats

MISSION : assurer avec une totale fiabilité le secrétariat juridique de deux avocats.

CONTEXTE : le cabinet, spécialisé en droit des affaires international, compte trois associés, dix collaborateurs-avocats, trois assistantes, une comptable et une standardiste.

L'assistant(e) juridique travaille pour l'un des associés et un collaborateur-avocat.

CONTENU DU POSTE :

1. Le secrétariat particulier

- Assurer la frappe et/ou la rédaction des courriers.
- Gérer l'agenda.
- Filtrer à la demande les appels téléphoniques et prendre les messages.
- Assurer la préparation et la frappe des notes d'honoraires tous les mois.
- Effectuer les relances mensuelles des honoraires impayés.

2. Le secrétariat juridique

- Tenir à jour le fichier clients.
- Réceptionner et classer, après traitement par l'avocat, tous les documents fournis par les clients.
- Assurer le classement des dossiers (selon procédure du cabinet).

Les contrats :

- Assurer la frappe et/ou la mise en forme des contrats.
- Faire toutes les recherches utiles : tribunal compétent, coordonnées d'un huissier, d'un correspondant en province ou à l'étranger…

- Faire les recherches pour tout élément nécessaire sur les personnes physiques ou morales : Infogreffe, INPI...
- Classer les contrats-modèles dans la bibliothèque des modèles.

Les procédures civiles ou commerciales :

- Assurer la mise en forme des assignations, conclusions et dossiers de plaidoiries.
- Prendre date auprès du tribunal compétent.
- S'assurer auprès des avocats-correspondants, huissiers et avoués de la bonne délivrance des documents.
- S'informer auprès des correspondants des dates d'audience.

3. La vie sociale des entreprises clientes

- Établir et actualiser le fichier clients.
- Établir et actualiser un tableau de suivi des obligations légales.
- Assurer les contacts avec le mandataire auprès du tribunal de commerce pour la bonne exécution des formalités de dépôt et de publicité.
- S'assurer de la bonne tenue des registres légaux.
- Mettre en forme et frapper les procès-verbaux.
- Vérifier l'exhaustivité des documents.

4. L'archivage

- Préparer les dossiers à archiver et les transmettre à la standardiste.
- Mettre à jour la liste des dossiers archivés et leur lieu d'archivage.

5. Assurer les travaux de reprographie.

RÉMUNÉRATION : X euros par an + prime annuelle/résultats du Cabinet.

CONDITIONS MATÉRIELLES ET CONTRAINTES SPÉCIFIQUES :

- Contrat à durée indéterminée.
- Classification : Personnel technicien – Coefficient 210.
- Temps de travail : plein temps.
- Horaires : 9 h à 13 h et 14 h à 18 h (vendredi uniquement le matin) + 6 JRTT.
- Paris XVIIe.
- Disponibilité au niveau des horaires s'il y a surcharge de travail.

Exemple 3 : Chargé(e) de mission dans une compagnie d'assurance

MISSION : développer et fidéliser, sur la circonscription qui lui est confiée, la clientèle sur le marché des assurances de personnes.

CONTEXTE : la compagnie est découpée en régions, inspections et circonscriptions. Le poste de chargé(e) de mission dépend hiérarchiquement d'un Inspecteur Commercial. Il travaille en liaison avec les services de gestion.

CONTENU DU POSTE :

1. Le plan d'action commerciale

- Faire un diagnostic de sa circonscription :
  - identifier, recueillir et analyser les données économiques et sociales relatives à la circonscription;
  - analyser le marché local;
  - analyser les spécificités de la concurrence locale;
  - analyser son portefeuille.
- Élaborer un plan d'action commerciale :
  - décliner les objectifs fixés par l'inspecteur en plan d'action par marché et par type de clientèle;
  - planifier les actions commerciales.
- Actualiser le plan d'action commerciale :
  - suivre les résultats/objectifs;
  - analyser les écarts de production;
  - être à l'affût des opportunités;
  - actualiser le plan d'action au fil de l'année.

2. L'organisation de l'activité commerciale

- Déterminer les moyens nécessaires à la mise en œuvre du plan d'action (moyens propres et moyens de la compagnie).
- Développer un fichier prospects/clients.
- Maîtriser les relances.
- Gérer sa documentation.

3. L'action commerciale (prospects et clients)

- Organiser sa prospection et ses visites clients.
- Assurer la prospection (phoning, mailing) et la prise de rendez-vous.
- Gérer son emploi du temps et ses déplacements.
- Conduire les entretiens de vente : diagnostic des besoins, recherche des solutions adaptées, argumentation.
- Établir les propositions.
- Assurer le suivi des entretiens commerciaux.

4. Le développement d'un réseau de prescripteurs (en cohérence avec les actions nationales et régionales)

- Cibler les prescripteurs potentiels.
- Approcher les prescripteurs.
- Vendre aux prescripteurs l'idée de complémentarité.
- Cibler leurs besoins et y répondre (information, formation…).
- Suivre les prescripteurs et les fidéliser.

5. Le suivi de la souscription

Pour les produits standards :

- Constituer le dossier et l'adresser au service d'émission.
- Suivre le traitement du dossier et relancer si nécessaire.
- Réceptionner et vérifier le contrat.
- Faire signer le contrat au client et lui apporter toutes les informations nécessaires.
- Retourner le contrat régularisé au service de gestion.

Pour les contrats sur mesure : soumettre le projet à l'Inspecteur.

6. Le suivi des clients

- Suivre l'évolution des besoins et des contrats des clients (fidélisation-globalisation).
- Répondre aux demandes d'information des clients.

7. Le suivi de l'activité

- Établir le rapport d'activité hebdomadaire.
- Suivre les objectifs de production/réalisé.
- Rechercher les causes de non-réalisation d'affaires.
- Suivre les ratios d'efficacité.

8. Optimiser sa formation

- Développer et actualiser ses connaissances.

Le critère d'évaluation est global pour cette fonction : réaliser les objectifs de production fixés.

RÉMUNÉRATION : fixe + commissions + forfait frais + prime de performance commerciale annuelle.

CONDITIONS MATÉRIELLES ET CONTRAINTES SPÉCIFIQUES :

- Lieu : Marseille.
- Type de clientèle : PME, PMI, TNS (professions libérales), particuliers.
- Statut : échelon intermédiaire de la convention collective des assurances.
- Titularisation : période probatoire de douze à vingt-quatre mois.
- Le nouvel embauché suivra une formation en alternance sur un an. Cette formation a lieu à Paris.
- Le candidat ne doit avoir aucune condamnation civile ou pénale pour l'obtention de la carte professionnelle.
- Le candidat ne doit pas être soumis à une clause de non-concurrence.
- Moyens mis à disposition : ordinateur portable, téléphone mobile et GPS.

Exemple 4 : Chef d'atelier « revêtement » dans une unité d'extrusion de matières plastiques

MISSION : réaliser les commandes clients en produits métalliques revêtus selon les prescriptions et cahiers des charges. Effectuer les études de faisabilité de produits nouveaux.

CONTEXTE : il dépend directement de la direction générale. La société a deux activités : la fabrication de tubes et gaines en thermoplastique et le revêtement de tubes, fils et câbles métalliques par extrusion. La production du département « revêtement » est effectuée par six conducteurs de machine en régime posté sur trois lignes d'extrusion ainsi que deux chefs de poste. Une assistante à mi-temps est affectée à l'atelier

CONTENU DU POSTE :

1. La production

- Ordonnancer la production dans le respect des délais et des normes de qualité.
- Établir le planning des deux équipes.
- Assurer la continuité de la fabrication en prenant en charge les problèmes techniques.

L'approvisionnement :

- Participer au choix des matières premières avec la direction en fonction des contraintes de production.
- Gérer les stocks et déclencher les approvisionnements.

La maintenance :

- Mettre en place un programme de maintenance pour les lignes d'extrusion.
- Suivre la réalisation des travaux de maintenance.
- Contrôler l'usure et la qualité des outillages d'extrusion.

La qualité :

- Observer strictement les cahiers des charges et spécifications établis avec les clients.
- Rédiger, avec ses collaborateurs, les diverses procédures (démarrage des machines, réception des matières premières, suivi administratif de la production, etc.).
- Établir les procédures de contrôle des produits finis.
- Étalonner et contrôler les instruments de mesure.
- Participer à l'élaboration des gammes de fabrication et de contrôle.

2. Les études et méthodes

Les produits existants :

- Améliorer les process de fabrication pour optimiser les coûts, la qualité et les délais.

Les produits nouveaux :
- Étudier la faisabilité.
- Établir les process de fabrication.
- Réaliser les préétudes économiques.

3. Le management
- Organiser les rotations des conducteurs en fonction des contraintes du travail en 2 × 7 heures.
- Établir le planning des congés.
- Assurer et suivre la formation de ses collaborateurs.
- Suivre les performances et prestations individuelles.
- Participer aux décisions concernant les rémunérations.

RÉMUNÉRATION : fixe + intéressement.

CONDITIONS MATÉRIELLES ET CONTRAINTES SPÉCIFIQUES :
- Statut : agent de maîtrise, convention collective de la chimie.
- Lieu : Côte-d'Or.
- Disposer d'un véhicule pour se rendre à l'usine.
- Flexibilité des horaires de travail.
- Le candidat devra suivre une formation complémentaire en extrusion et acquérir des compétences en tréfilage des métaux et sur les dérouleurs-enrouleurs.

Établir le profil du poste

Les bases du recrutement, concrètes et objectives, ayant été posées par la description du poste, il faut définir le profil du poste. Ce profil détermine les compétences, les caractéristiques de personnalité, le type et le niveau d'étude, les expériences que la personne doit posséder lors du recrutement pour tenir le poste.

Ce profil se construit à partir de la description du contenu du poste et des caractéristiques liées aux spécificités de la fonction. Il se complète ensuite par une réflexion d'ensemble sur l'équipe dans laquelle le nouvel embauché devra s'insérer. De cette réflexion émergeront certains éléments qui permettront au candidat de s'intégrer au mieux à celle-ci, mais également de la compléter et de l'enrichir.

On peut être tenté de définir le profil au fur et à mesure que l'on établit la description du poste. Il est donc important de rappeler que l'objectivité et la qualité du travail que vous allez réaliser pour bâtir ce profil de poste dépend de la rigueur avec laquelle vous suivrez chacune des étapes de ce processus.

Les compétences

Une compétence est « une capacité reconnue en telle ou telle matière et donne le droit d'en juger » nous explique le Petit Larousse. Il s'agit de déterminer les connaissances et les savoir-faire « nécessaires et suffisants » dont la personne doit avoir la maîtrise au moment du recrutement. Une compétence s'apprend : par exemple, s'exprimer en anglais, avoir une bonne orthographe, connaître les techniques de vente, faire un diagnostic d'entreprise, savoir établir un bilan.

Ce sont les compétences indispensables sans lesquelles la candidature sera éliminée d'emblée. Il est nécessaire d'être vigilant sur ce point et de ne pas confondre avec les compétences que le nouvel embauché devra mettre en œuvre lorsqu'il aura pleinement pris possession de son poste. Vous risqueriez alors de construire un profil idéal donc introuvable, type « mouton à cinq pattes », et de vous épuiser à chercher le candidat qui n'existe pas, tout en laissant passer au travers des mailles de votre crible des candidats qui correspondent parfaitement à votre besoin réel.

De plus, pour enrichir le profil et hiérarchiser vos critères, vous définirez également les connaissances et compétences qui, sans être absolument indispensables au moment du recrutement, constitueront des plus, des avantages supplémentaires pour tenir le poste. Elles sont à mentionner de façon spécifique dans le profil (par exemple en les faisant précéder d'un +). Ce sont elles qui vous aideront peut-être à départager les finalistes.

Il n'est évidemment pas nécessaire, lorsqu'on reprend la description du poste, de répéter à plusieurs endroits des compétences qui ont déjà été mentionnées cela alourdirait inutilement votre travail.

Pour déterminer ces compétences, il faut reprendre la description de poste ligne par ligne et se poser la question suivante : *Que doit savoir ou savoir faire le candidat pour assurer cette activité ?*

Pour les valider, il est également intéressant de répondre également aux questions : *Pourquoi doit-il le savoir ? Quelle est l'utilité de ce savoir ou de ce savoir-faire au moment du recrutement ?*

Les caractéristiques de personnalité

Selon le Petit Larousse, la personnalité est « l'ensemble des caractères propres à une personne et fondant son identité ».

Dans le cadre d'un recrutement, les termes « caractéristiques de personnalité » recouvrent les savoir-être qu'une personne doit posséder pour répondre aux exigences du poste. Ces savoir-être se manifestent dans des comportements. C'est de fait par l'observation des comportements que l'on pourra déterminer le savoir-être sous-jacent.

Il n'est pas toujours aisé de distinguer une compétence, c'est-à-dire un savoir-faire d'un savoir-être. Cette différenciation n'est pas due à un perfectionnisme pointilleux de recruteur. La distinction est d'importance car lors de l'entretien de recrutement ils ne seront pas traités de la même façon. Les compétences, donc les savoir-faire, se vérifient aisément à l'aide d'épreuves précises, et leur validation est extrêmement facile car la personne sait ou ne sait pas. En revanche, la vérification des caractéristiques de personnalité est plus complexe et l'art de poser des questions et de savoir écouter un candidat nécessite quelques techniques bien particulières.

Parmi les savoir-être, on relèvera : la capacité d'initiative, le sens des responsabilités, la ponctualité, le sens du service, l'autonomie, la capacité à travailler en équipe, etc.

Un savoir-faire s'apprend en suivant des cours ou en lisant des livres et par la pratique; un savoir-être ne s'apprend pas, il est un élément constitutif de la personnalité.

Comparez : parler chinois (compétence) et être doué pour les langues (savoir-être); connaître les techniques de vente (compétence) et posséder une certaine aisance relationnelle (savoir-être).

Pour définir les caractéristiques de personnalité nécessaires pour tenir un poste, il faut reprendre la description de poste, non plus ligne par ligne comme pour les compétences, mais par zone d'activité.

Par exemple, pour le poste d'assistante juridique, il y a cinq zones d'activité :

- le secrétariat particulier,
- le secrétariat juridique,
- la vie sociale des entreprises clientes,
- l'archivage,
- la reprographie.

La réflexion sur les savoir-être nécessaires pour assumer pleinement une fonction est basée sur la globalité de chaque grand domaine d'activité. En effet, autant les compétences nécessitent d'aborder la fonction par le détail des tâches, autant les caractéristiques de personnalité demandent de prendre un peu d'altitude.

La question est : *De quelles qualités humaines la personne qui va tenir le poste doit-elle être constituée pour assumer cette zone d'activité ?*

Ou bien : Quels comportements doit-elle adopter si l'on a des difficultés à nommer la qualité recherchée ?

Pour illustrer ces propos, nous allons reprendre les quatre postes décrits précédemment. Afin de ne pas alourdir le texte, les compétences et caractéristiques de chaque personnalité vous sont présentés dans des tableaux p. 22-27 et 29-30. Toutefois, n'oubliez pas qu'il est préférable de les définir successivement.

Les données relatives aux études, au parcours professionnel et autres données d'état civil

Ces données interviennent seulement en troisième position dans l'élaboration du profil, afin d'avoir l'éclairage des deux étapes précédentes pour être le plus objectif possible et ne pas sur-qualifier ou sous-qualifier le poste.

Exemple 1 : Webmaster

La personne devant être opérationnelle très rapidement, il sera demandé un niveau bac + 2 assorti d'une formation très poussée dans le multimédia et une première expérience en tant que webdesigner ou webmaster.

Exemple 2 : Assistant(e) juridique dans un cabinet d'avocats

Ce poste nécessite expérience et maturité. La personne devra donc avoir un minimum de cinq ans d'expérience dans une fonction analogue et au minimum trente ans.

Exemple 3 : Chargé(e) de mission dans une compagnie d'assurances

Ce poste nécessite, en raison du type de clientèle prospectée, un niveau Bac + 2, un âge minimum de 26 ans, une première expérience commerciale dans la « vente debout ». Une expérience dans la vente de services ou de produits financiers sera un plus.

Exemple 1 : Webmaster

Fonction	Compétences	Caractéristiques de personnalité
1. La gestion éditoriale afin d'assurer l'intérêt et la cohérence du site • Participer à la définition du contenu éditorial. • Assurer l'actualisation du site. • Gérer la mise à jour du site. • Suivre et exploiter les informations issues des sites de la concurrence. • Suivre les statistiques de consultation du site. 2. L'exploitation technique afin d'optimiser la fiabilité technique du site : • Assurer la maintenance technique du site. • Piloter les prestations techniques assurées par les intervenants internes et externes. • Veiller à la sécurisation du site. • Assurer l'intégration des nouvelles fonctionnalités applicatives et techniques.	Maîtrise du langage HTML Connaissance de l'architecture informatique d'un réseau Bonnes capacités rédactionnelles Maîtrise des outils bureautiques Savoir créer et mettre à jour une base de données type Access Culture informatisée de l'image Bonnes notions de graphisme	Autonomie Sens des responsabilités Intérêt pour l'activité de l'entreprise Curiosité intellectuelle Ouverture d'esprit Bonnes capacités d'analyse et de synthèse Créativité Aisance relationnelle Communicant Ascendant naturel

Exemple 2 : Assistant(e) juridique dans un cabinet d'avocat

Fonction	Compétences	Caractéristiques de personnalité
1. Le secrétariat particulier • Assurer la frappe et/ou la rédaction des courriers. • Gérer l'agenda. • Filtrer à la demande les appels téléphoniques et prendre les messages. • Assurer la frappe des notes d'honoraires tous les mois. • Effectuer les relances mensuelles des honoraires impayés.	Bilingue anglais Bon niveau de dactylographie Très bonne orthographe en français et en anglais	Politesse/Amabilité Rapidité d'exécution Rigueur et méthode Respect des procédures
2. Le secrétariat juridique • Tenir à jour les fiches par société. • Réceptionner et classer, après traitement par l'avocat, tous les documents fournis par les clients. • Assurer le classement des dossiers (selon procédure du cabinet). *Les contrats* : • Assurer la frappe et/ou la mise en forme des contrats. • Faire toutes les recherches utiles : tribunal compétent, coordonnées d'un huissier, d'un correspondant en province ou à l'étranger... • Faire les recherches pour tout élément nécessaire sur les personnes physiques ou morales : Infogreffe, INPI... • Classer les contrats-modèles dans la bibliothèque des modèles.	Excellente connaissance du Pack Office	Fiabilité Rapidité d'adaptation Garder son calme en toutes circonstances

Les procédures civiles ou commerciales : • Assurer la mise en forme des assignations, conclusions et dossiers de plaidoiries. • Prendre date auprès des tribunaux compétents. • S'assurer auprès des avocats-correspondants, huissiers et avoués de la bonne délivrance des documents. • S'informer auprès des correspondants des dates d'audience.		
3. La vie sociale des entreprises clientes • Établir et actualiser une fiche par société. • Établir et actualiser un tableau de suivi des obligations légales. • Assurer les contacts avec le mandataire auprès du tribunal de commerce pour la bonne exécution des formalités de dépôt et de publicité. • S'assurer de la bonne tenue des registres légaux. • Mettre en forme et frapper les procès-verbaux. • Vérifier l'exhaustivité des documents.	Connaissances de base en droit des sociétés	
4. L'archivage • Préparer les dossiers à archiver et les transmettre à la standardiste. • Mettre à jour la liste des dossiers archivés et leur lieu d'archivage.		
5. Assurer les travaux de photocopies		

Exemple 3 : Chargé(e) de mission dans une compagnie d'assurances

Fonction	Compétences	Caractéristiques de personnalité
1. Le plan d'action commerciale • Faire un diagnostic de sa circonscription : – Identifier, recueillir et analyser les données économiques et sociales relatives à la circonscription. – Analyser le marché local. – Analyser les spécificités de la concurrence locale. – Analyser son portefeuille. • Élaborer un plan d'action commerciale : – Décliner les objectifs fixés par l'inspecteur en plan d'action par marché et par type de clientèle. – Planifier les actions commerciales. • Actualiser le plan d'action commerciale : – Suivre les résultats/objectifs. – Analyser les écarts de production. – Être à l'affût des opportunités. – Actualiser le plan d'action au fil de l'année.	Capacité d'analyse Bonne structuration des idées	Indépendant (capacité à travailler seul + auto-stimulation) Ambitieux (désir de réussir et de gagner de l'argent, importance accordée au statut social)
2 . L'organisation de l'activité commerciale • Déterminer les moyens nécessaires à la mise en œuvre du plan d'action. (moyens propres et moyens de la compagnie).	Maîtrise du Pack Office	Rigueur

• Développer un fichier prospects/clients. • Maîtriser les relances. • Gérer sa documentation.		
3. L'action commerciale (prospects et clients) • Organiser sa prospection et ses visites clients. • Assurer la prospection (phoning, mailing) et la prise de rendez-vous. • Gérer son emploi du temps et ses déplacements. • Conduire les entretiens de vente : diagnostic des besoins, recherche des solutions adaptées, argumentation. • Établir les propositions. • Assurer le suivi des entretiens commerciaux.	Savoir s'organiser Aisance verbale Synthétique (capacité à aller à l'essentiel)	Éthique professionnelle Grande capacité de travail Forte capacité d'initiative Communicant (écoute, chaleur humaine) Politesse et savoir-vivre Aisance relationnelle Capacité à s'adapter à des interlocuteurs variés Pouvoir de conviction Aptitude à conseiller Aptitude à conclure Persévérance (ne pas se laisser abattre par l'échec) Bon contrôle émotionnel Sens du service
4. Le développement d'un réseau de prescripteurs (en cohérence avec les actions nationales et régionales) • Cibler les prescripteurs potentiels. • Approcher les prescripteurs. • Vendre aux prescripteurs l'idée de complémentarité . • Cibler leurs besoins et y répondre (information, formation...). • Suivre les prescripteurs et les fidéliser.		

5. Le suivi de la souscription *Pour les produits standards* : • Constituer le dossier et l'adresser au service d'émission. • Suivre le traitement du dossier et relancer si nécessaire. • Réceptionner et vérifier le contrat. • Faire signer le contrat au client et lui apporter toutes les informations nécessaires. • Retourner le contrat régularisé au service de gestion. *Pour les contrats sur mesure :* soumettre le projet à l'inspecteur.		
6. Le suivi des clients • Suivre l'évolution des besoins et des contrats des clients (fidélisation-globalisation). • Répondre aux demandes d'information des clients.		Capacité à se remettre en question
7. Le suivi de l'activité • Établir le rapport d'activité hebdomadaire. • Suivre les objectifs de production/réalisés. • Rechercher les causes de non-réalisation d'affaires. • Suivre les ratios d'efficacité.		Goût du professionnalisme Curiosité intellectuelle Aime apprendre
8. Optimiser sa formation • Développer et actualiser ses connaissances.		

Exemple 4 : Chef d'atelier « revêtement » dans une unité d'extrusion de matières plastiques

Fonction	Compétences	Caractéristiques de personnalité
1. La production		
• Ordonnancer la production dans le respect des délais et des normes de qualité. • Établir le planning des deux équipes. • Assurer la continuité de la fabrication en prenant en charge les problèmes techniques.	Connaissance de l'ordonnancement et de la gestion de production Savoir organiser et s'organiser	Conscience professionnelle Grande capacité de travail Diplomatie
L'approvisionnement : • Participer, avec la direction, au choix des matières premières en fonction des contraintes de production. • Gérer les stocks et déclencher les approvionnements.		Sens des responsabilités Capable de prendre des inititiaves
La maintenance : • Mettre en place un programme de maintenance pour les lignes d'extrusion. • Suivre la réalisation des travaux de maintenance. • Contrôler l'usure et la qualité des outillages d'extrusion.	Notions en maintenance Connaissances en mécanique et électro-technique	Rigueur « Bricoleur » n'hésitant pas à mettre la main à la pâte
La qualité : • Observer strictement les cahiers des charges et spécifications établis avec les clients. • Rédiger, avec ses collaborateurs, les diverses procédures (démarrage des machines, réception des matières premières, suivi administratif de la production).	Pratique des techniques de qualité	

• Établir les procédures de contrôle des produits finis. • Étalonner et contrôler les instruments de mesure. • Participer à l'élaboration des gammes de fabrication et de contrôle.	Connaissances en métrologie	
2. Les études et méthodes *Les produits existants* : • Améliorer les process de fabrication pour optimiser les coûts, la qualité et les délais.	Aisance rédactionnelle technique	
Les produits nouveaux : • Étudier la faisabilité. • Établir les process de fabrication. • Réaliser les préétudes économiques.	Savoir calculer des prix de revient	Créatif Ouvert aux techniques et situations nouvelles Désir d'évoluer dans son métier.
3. Le management • Organiser les rotations des conducteurs en fonction des contraintes du travail en 2 × 7 heures. • Établir le planning des congés. • Assurer et suivre la formation de ses collaborateurs. • Suivre les performances et prestations individuelles. • Participer aux décisions concernant les rémunérations.	Expérience en management d'équipe	Respect des hommes Aptitude à animer et diriger une équipe

Exemple 4 : Chef d'atelier dans une unité d'extrusion de matières plastiques

> Cette fonction nécessite un BTS à dominante mécanique ou électrotechnique et une expérience industrielle dont au moins cinq ans comme agent de maîtrise.

Les complémentarités par rapport à l'équipe

Nous avons évoqué précédemment que la définition du besoin se complète par une réflexion sur l'équipe dans laquelle le nouvel embauché devra s'intégrer.

Vouloir intégrer un nouveau collaborateur dans une équipe existante ou se doter d'un collaborateur si l'on en n'a pas encore, c'est dessiner la forme nouvelle que prendra une organisation.

L'équipe actuelle présente certainement des particularités qu'il est indispensable de faire apparaître pour, d'une part, maintenir ou renforcer sa cohésion et, d'autre part, « injecter » des apports nouveaux qui vont l'enrichir.

Les questions les plus élémentaires à se poser sont :

- Quel est l'âge moyen de mon équipe ? Faut-il intégrer une personne plus jeune ? dans la même classe d'âge ? ou plus âgée ?
- Quelle est la répartition hommes/femmes ? Est-il préférable pour l'équilibre de l'équipe de recruter un homme ou une femme ?
- Quelles sont les valeurs qui prédominent et auxquelles la personne doit adhérer ?
- Faut-il un « pilier » ou une personne évolutive ?
- Quels sont les parcours de formation suivis par les membres de mon équipe ? Quel est le parcours et le niveau cohérents par rapport à ceux-ci ou, au contraire quel type de formation faut-il ajouter à ceux existants pour enrichir l'ensemble ?

Il s'agit de dégager de cette analyse les éléments déterminants dans l'optimisation de la performance de votre équipe, et ce quelle que soit sa dimension.

Exemple 1 : Webmaster

> Dans cette fonction, la personne n'a pas à s'intégrer dans une équipe, il n'y a donc pas de complémentarités particulières à ajouter. Toutefois, elle devra établir des relations avec de nombreux collaborateurs de l'entreprise. La

culture de cette dernière est très marquée et l'ancienneté importante. Il est donc essentiel que les critères et valeurs du webmaster soient en adéquation avec la culture de l'entreprise. Ces valeurs sont essentiellement : l'intégrité, la qualité relationnelle et une forte adhésion à l'entreprise.

Exemple 2 : Assistant(e) juridique dans un cabinet d'avocats

Un bon esprit d'équipe est nécessaire pour tenir ce poste afin que les différentes assistantes s'entraident lorsqu'il y a des surcharges importantes de travail. Le sens du service clients est une valeur forte du cabinet.

Exemple 3 : Chargé(e) de mission dans une compagnie d'assurances

Il s'agit d'un travail extrêmement solitaire, le chargé(e) de mission ayant son bureau à son domicile. Le point clé par rapport à l'équipe est de respecter des règles de non-concurrence internes avec les autres chargés de mission. En un mot de ne pas « piquer des clients ou prospects aux copains ». Cela relève de l'éthique professionnelle déjà mentionnée dans le profil.

Exemple 4 : Chef d'atelier dans une unité d'extrusion de matières plastiques

Le management d'équipes postées nécessite une grande équité dans la répartition des tâches. Il s'agit d'une création de poste car l'activité est en fort développement; le nouvel embauché va prendre en charge certaines activités assumées par d'autres personnes. Les aspects de diplomatie et de respect des autres sont donc particulièrement importants.

Après cette analyse détaillée et rigoureuse des caractéristiques pour tenir le poste, nous allons établir une fiche « profil de poste » regroupant toutes les données retenues. Elle apportera la vision d'ensemble du profil du poste et servira de base pour toutes les étapes suivantes du processus de recrutement.

Ce profil, pour être aisément exploitable, comporte 5 grandes rubriques :

- les données par rapport au curriculum vitæ qui se détectent au premier regard dans la lecture de celui-ci;
- les compétences;
- les caractéristiques de personnalité. Il est préférable lorsqu'il y a beaucoup de critères de les regrouper par grandes rubriques afin de faciliter ultérieurement l'analyse des candidatures;
- les contraintes;
- la rémunération.

PROFIL DE POSTE WEBMASTER

Nom : ....

Données/CV :

- ❑ Niveau bac + 2
- ❑ Une première expérience en tant que webdesigner ou webmaster
- ❑ Formation pointue dans le multimédia

Compétences :

- ❑ Maîtrise du langage HTML
- ❑ Connaissance de l'architecture informatique d'un réseau
- ❑ Savoir créer et mettre à jour une base de données type Access
- ❑ Bonnes capacités rédactionnelles
- ❑ Culture informatisée de l'image
- ❑ Maîtrise des outils bureautiques
- ❑ Bonnes notions de graphisme

Caractéristiques de personnalité :

- ❑ Autonomie
- ❑ Intérêt pour l'activité de l'entreprise
- ❑ Ouverture d'esprit
- ❑ Créativité
- ❑ Communicant
- ❑ Sens des responsabilités
- ❑ Curiosité intellectuelle
- ❑ Bonnes capacités d'analyse et de synthèse
- ❑ Aisance relationnelle
- ❑ Ascendant naturel

Contraintes :

- ❑ Contrat à durée indéterminée
- ❑ Statut : maîtrise ou cadre administratif
- ❑ Lieu : Strasbourg
- ❑ Horaires : forfait annuel jours = 214 jours de travail par an

Rémunération : X euros brut par mois × 13,5 + prime sur objectifs.

PROFIL DE POSTE ASSISTANT(E) JURIDIQUE

Nom : ....

Données/CV :

- ❑ Minimum 5 ans d'expérience d'assistanat juridique
- ❑ 30 ans minimum

Compétences :

- ❑ Bilingue anglais
- ❑ Très bon niveau d'orthographe française et anglaise
- ❑ Bon niveau de dactylographie
- ❑ Excellente connaissance du Pack Office
- ❑ Connaissances de base en droit des sociétés

Caractéristiques de personnalité :

- ❑ Fiabilité
- ❑ Rapidité d'adaptation
- ❑ Respect des procédures
- ❑ Politesse et amabilité
- ❑ Capacité à garder son calme en toutes circonstances
- ❑ Rapidité d'exécution
- ❑ Rigueur et méthode
- ❑ Sens du service clients
- ❑ Esprit d'équipe

Contraintes :

- ❑ Horaires : 9 h à 13 h et 14 h à 18 h (vendredi uniquement le matin) + 6 JRTT
- ❑ CDI – Personnel technicien Coef. 210
- ❑ Disponibilité au niveau des horaires

Rémunération : X euros en salaire brut par mois soit X euros par an plus prime annuelle

PROFIL DE POSTE CHARGÉ(E) DE MISSION

Nom :..

Données/CV :

- ❑ Bac + 2
- ❑ 1re expérience commerciale dans la « vente debout »
- ❑ Âge minimum : 26 ans
- + dans la vente de services ou de produits financiers

Compétences :

- ❑ Capacité d'analyse
- ❑ Synthétique (aller à l'essentiel)
- ❑ Savoir s'organiser
- ❑ Bonne structuration des idées
- ❑ Aisance verbale
- ❑ Maîtrise Pack Office

Caractéristiques de personnalité :

Qualités relationnelles :

- ❑ Aisance relationnelle
- ❑ Communicant (écoute, chaleur, pouvoir de conviction)
- ❑ Aptitude à conseiller
- ❑ Capacité à s'adapter à des interlocuteurs variés
- ❑ Sens du service
- ❑ Présentation cohérente avec le type de clientèle prospectée
- ❑ Politesse et savoir-vivre
- ❑ Aptitude à conclure
- ❑ Bon contrôle émotionnel

Potentiel d'évolution :

- ❑ Capacité à se remettre en question
- ❑ Aime apprendre
- ❑ Curiosité intellectuelle
- ❑ Ambition

Capacités d'autonomie :

- ❑ Capacité à travailler seul et à s'autostimuler
- ❑ Forte capacité d'initiative

Capacité à s'investir :

- ❑ Grande capacité de travail
- ❑ Persévérance (ne pas se laisser abattre par l'échec)
- ❑ Goût du professionnalisme (du travail bien fait)
- ❑ Éthique professionnelle

Caractéristiques liées aux spécificités du poste :

- ❑ Disposer d'un véhicule
- ❑ Aptitude à suivre une formation en alternance sur un an à Paris
- ❑ Aucune condamnation civile ou pénale
- ❑ Flexibilité au niveau des horaires de travail
- ❑ Capacité d'assumer et de gérer sa rémunération
- ❑ Clause de non-concurrence

Rémunération :

fixe
\+ commissions
\+ remboursement de frais
\+ prime annuelle de production

PROFIL DE POSTE CHEF D'ATELIER

Nom : ....

Données/CV :

- ❑ BTS à dominante mécanique ou électrotechnique
- ❑ Expérience industrielle dont au moins cinq ans comme agent de maîtrise
- ❑ Expérience en management des hommes

Compétences :

- ❑ Connaissance de l'ordonnancement et de la gestion de production
- ❑ Savoir organiser et s'organiser
- ❑ Connaissances en métrologie
- ❑ Savoir calculer des prix de revient
- ❑ Connaissances mécanique et électrotechnique
- ❑ Notions en maintenance
- ❑ Aisance rédactionnelle technique
- ❑ Pratique des techniques de qualité

Caractéristiques de personnalité :

- ❑ Conscience professionnelle
- ❑ Diplomatie
- ❑ Capable de prendre des initiatives
- ❑ Créatif
- ❑ Bricoleur n'hésitant pas à mettre la main à la pâte
- ❑ Ouvert aux techniques et situations nouvelles
- ❑ Respect des hommes
- ❑ Aptitude à animer et diriger une équipe
- ❑ Grande capacité de travail
- ❑ Sens des responsabilités
- ❑ Rigueur
- ❑ Désir d'évoluer dans son métier

Contraintes :

- ❑ Statut : agent de maîtrise, convention collective de la chimie
- ❑ Une grande équité dans la répartition des tâches
- ❑ Flexibilité au niveau des horaires
- ❑ Disposer d'un véhicule pour se rendre à l'usine
- ❑ Capacité à suivre une formation complémentaire en extrusion et acquérir des compétences en tréfilage des métaux et des dérouleurs-enrouleurs

Rémunération :

fixe
\+ intéressement

Le choix du contrat de travail

La nature et le contenu du contrat de travail sont extrêmement importants tant pour l'employeur que pour le collaborateur. Ce choix doit être mûrement réfléchi car il constitue la base sur laquelle reposent les relations futures. Il dépend essentiellement du profil du poste et du contexte dans lequel s'inscrit le recrutement. Il est également intéressant de ne pas oublier que la conclusion d'un contrat de travail avec certaines catégories de candidats peut entraîner l'octroi, par les pouvoirs publics, d'aides financières. Il ne faut pas non plus négliger les différents coûts selon le contrat choisi (primes de précarité…).

Il existe aujourd'hui un nombre impressionnant de contrats de travail dont vous trouverez la liste ci-après. Il est important de connaître et de comprendre les tenants et aboutissants de ceux-ci afin de faire le bon choix. Deux sources d'information peuvent vous permettre d'y voir plus clair. D'une part la Direction Départementale du Travail, de l'Emploi et de la Formation Professionnelle, d'autre part le site www.cohesion-sociale.gouv.fr dans lequel se trouve une fiche pratique sur chaque catégorie de contrats.

• *Le contrat de travail à durée indéterminée* (CDI)

Il est le plus couramment utilisé. Pour être licite, il doit être en conformité avec la législation, les prescriptions des conventions collectives et les usages de la branche.

• *Le contrat de travail à durée déterminée* (CDD)

Les CDD, contrats à durée déterminée considérés comme précaires, doivent être conclus pour un motif précis et prévoir un terme. Ils sont renouvelables une fois, pour une durée globale ne pouvant excéder 18 mois (sauf pour un remplacement dont le terme est imprécis).

Ils peuvent être utilisés en cas de remplacement d'un salarié absent, de suspension de contrat, d'accroissement temporaire d'activité ou dans des cas très spécifiques.

• *Le contrat de travail à temps partiel* (CTP)

Les CTP sont des CDI ou des CDD conclus pour une durée du travail inférieure à la durée du travail applicable dans l'entreprise.

• *Le contrat de travail intermittent* (CTI)

Le travail intermittent se caractérise par l'alternance de périodes travaillées et de périodes non travaillées. Le CTI est un contrat à durée indéterminée. Il est possible d'y avoir recours dans certaines entreprises et pour des emplois intermittents par nature.

• *Le contrat de travail temporaire* (CTT)

La conclusion d'un contrat de travail temporaire n'est possible que pour l'exécution d'une tâche précise et temporaire, dénommée mission, et seulement dans les cas énumérés par la loi. Les motifs de recours sont les mêmes que pour les CDD, les durées sont également limitées.

• Les contrats relatifs à des formations en alternance :

  – *Le contrat de professionnalisation* (qui remplace les contrats de qualification, d'adaptation et d'orientation). Il a pour objectifs de favoriser l'insertion ou la réinsertion professionnelle des jeunes de moins de 26 ans et des demandeurs d'emploi de 26 ans et plus, et leur permettre d'acquérir une qualification.

  – *Le contrat d'apprentissage*. L'apprentissage a pour but de donner à des jeunes travailleurs, une formation générale, théorique et pratique, en vue de l'obtention d'une qualification professionnelle sanctionnée par un diplôme de l'enseignement professionnel ou technologique, un titre d'ingénieur ou un titre répertorié. Tout jeune âgé de 16 à 25 ans peut entrer en apprentissage. Des dérogations à ces limites d'âge sont possibles.

Il existe également d'autres contrats de travail, très ciblés et souvent circonstanciels susceptibles de favoriser l'embauche ou la remise au travail de différentes catégories de demandeurs d'emploi. Ces contrats nécessitent de respecter un certain nombre de formalités auprès de différentes instances, ANPE, Conseil Général, Missions locales...

Ces contrats sont régulièrement réaménagés, la liste suivante conforme aux textes actuellement en vigueur est susceptible de subir des modifications en fonction des évolutions la politique gouvernementale relative à l'emploi.

- Pour le secteur Marchand :
  - *Le contrat nouvelles embauches* (CNE). Le CNE s'adresse aux entreprises du secteur privé qui comptent au plus 20 salariés. Conclu pour une durée indéterminée, ce contrat obéit toutefois à des modalités de rupture simplifiées durant les deux premières années qui suivent sa conclusion.
  - *Le contrat d'insertion dans la vie sociale* (CIVIS). Le CIVIS a été conçu pour permettre aux jeunes qui rencontrent des difficultés sociales et professionnelles particulières d'organiser les actions nécessaires à la réalisation de leur projet d'insertion dans un emploi durable.
  - *Le contrat initiative emploi rénové* (CIE). Le CIE a pour objet de permettre à des personnes, rencontrant des difficultés importantes d'accès à l'emploi, un retour rapide à un emploi durable.
  - *Le contrat insertion – revenu minimum d'activité* (CI-RMA). Le CI-RMA vise à faciliter l'insertion professionnelle des allocataires du RMI, de l'allocation de solidarité spécifique (ASS), de l'allocation de parent isolé ou de l'allocation aux adultes handicapés qui rencontrent des difficultés particulières d'accès à l'emploi.
  - *Le contrat « Jeunes en entreprise »* (CJE). Le CJE vise à insérer en entreprise, directement et durablement, les jeunes peu ou pas qualifiés dans l'emploi.
- Pour le secteur Non Marchand :
  - *Le contrat d'accompagnement dans l'emploi* (CAE). Le CAE est un contrat de travail à durée déterminée, destiné à faciliter l'insertion

professionnelle des personnes sans emploi rencontrant des difficultés sociales et professionnelles particulières d'accès à l'emploi.

– *Le contrat d'avenir* (CA). Les CA sont destinés à permettre le retour à l'emploi des personnes bénéficiant du revenu minimum d'insertion (RMI), de l'allocation de solidarité spécifique (ASS), de l'allocation de parent isolé (API) ou de l'allocation aux adultes handicapés (AAH).

CHAPITRE 3

La recherche des candidats

Les impératifs de cette deuxième étape sont : informer, inciter et présélectionner les candidats éventuels correspondant au profil recherché. Vous avez à choisir la filière et/ou le support approprié, puis à rédiger avec soin l'offre d'emploi à diffuser afin d'atteindre ces personnes dans les meilleures conditions, de retenir leur attention et de les amener à poser leur candidature. Parallèlement, cette offre doit être suffisamment précise et explicite pour dissuader les candidatures non pertinentes.

Cibler une filière de recrutement

Il existe treize principales filières de recrutement.

L'ANPE

L'Agence nationale pour l'emploi est chargée d'assister, d'une part les personnes à la recherche d'un emploi, d'autre part les employeurs pour l'embauche et le reclassement de leurs salariés.

Les employeurs n'ont plus l'obligation de déclarer à l'ANPE les postes vacants.

L'ANPE propose aux employeurs deux services clés :

- La diffusion des offres d'emploi dans son réseau et le traitement des dossiers de recrutement. Les offres d'emploi déposées à l'ANPE sont affichées dans les agences du bassin d'emploi de l'entreprise et sont consultables sur Internet.
- L'information, le conseil et la mise en œuvre des aides au recrutement.

Tout employeur a la possibilité de créer son espace recrutement sur le site anpe.fr. Cet espace permet de déposer et gérer gratuitement des offres d'emploi, de rechercher des candidats, de recevoir automatiquement par mail les profils recherchés dès qu'ils sont déposés sur le site, de gérer les propositions d'emploi envoyées.

Le site regorge également d'informations pratiques pour les recruteurs.

L'APEC

L'Association pour l'Emploi des Cadres est une association privée et paritaire. Elle s'adresse à toutes les entreprises et à tous les cadres du secteur privé et aux jeunes diplômés de l'enseignement supérieur. L'APEC diffuse les offres d'emploi dans sa revue hebdomadaire *Courrier Cadres* et sur son site apec.fr. Elle offre la possibilité *via* Internet de créer et rédiger ses offres d'emploi, gérer les candidatures et consulter la candidathèque.

Il est également possible, au-delà de la source de candidatures qu'elle représente, de faire appel aux services de l'APEC pour une vaste palette d'aides au recrutement.

Les candidatures spontanées

C'est la première filière de recrutement. Certaines entreprises très « cotées » reçoivent jusqu'à plusieurs dizaines de milliers de candidatures spontanées par an. Toutefois, les candidatures spontanées sont très volatiles. Il faut, soit mettre en place un suivi rigoureux de celles-ci, et cela nécessite quelques moyens (tri, classement, mises à jour régulières), soit saisir une opportunité.

Le réseau relationnel

C'est ce que nous appelons plus communément le « carnet d'adresses ». Il consiste à informer ses relations personnelles et professionnelles de sa recherche. Il est essentiel d'être clair et précis sur son besoin afin d'éviter toute tension avec des amis ou relations si vous ne recrutez pas les candidats qu'ils vous ont adressés. Le processus de recrutement doit être mené avec la même rigueur que pour toutes les autres filières.

La cooptation

La cooptation consiste à ce qu'un membre de l'entreprise présente un candidat.

Cette méthode de recrutement est perçue comme valorisante par les collaborateurs de l'entreprise et sécurisante par le candidat qui a des informations « de première main » sur l'entreprise.

Elle nécessite toutefois de prendre des précautions :

- responsabiliser les « présentateurs » afin de ne pas tomber dans le « copinage » ou le népotisme;
- informer de façon précise les collaborateurs de l'entreprise sur le contenu du poste et les caractéristiques principales recherchées chez le candidat, à savoir le niveau d'études, l'expérience et les compétences. Faire attention à ne pas dévoiler le profil car le candidat, s'il en a eu connaissance, sera tenté lors de l'entretien de calquer ses attitudes et ses réponses sur celui-ci, rendant l'entretien plus difficile à mener et à analyser;
- faire suivre à ces candidatures le même cheminement que celui appliqué aux autres candidatures parvenues par toute autre filière, afin de la traiter avec le même professionnalisme et la même rigueur. L'embauche d'un collaborateur est un acte lourd de conséquences et non une bonne action;
- prendre le temps, si la candidature n'est pas retenue, d'en exposer les raisons au présentateur;
- ne jamais adresser de reproches au présentateur, si le recruté, lors de la période d'essai ou ultérieurement, ne remplit pas valablement le poste. C'est votre décision de recrutement qui a été mauvaise.

Cette filière de recrutement est peu onéreuse pour l'entreprise au niveau des coûts directs et du temps consacré au recrutement. C'est pourquoi nombreuses sont les entreprises qui encouragent ce procédé et remercient par une prime le présentateur en cas d'embauche du coopté.

Les annonces dans la presse

Les coûts de diffusion d'une annonce sont extrêmement variés selon le média utilisé.

L'utilisation de la presse pour diffuser les offres d'emploi a évolué avec la place prise par Internet. Elle est encore très utilisée par les entreprises qui souhaitent développer une image « recruteurs ». Pour nombre de postes, elle reste le meilleur moyen de communication avec les candidats.

Si vous choisissez cette filière, il vous faut rédiger une annonce suffisamment attractive pour attirer des candidatures, mais elle doit également être très précise sur le poste lui-même et sur les éléments parfaitement objectifs du profil (études, expérience et compétences) pour qu'une sélection s'opère en amont. Cela n'évitera pas le fait qu'un certain nombre de personnes n'ayant pas les caractéristiques recherchées répondent à votre annonce en se disant « on ne sait jamais ! ».

Les principaux médias sont :

- la presse quotidienne régionale (PQR) : *Ouest France*, *La Provence*, *Sud Ouest…* ;
- la presse nationale généraliste dont *Le Figaro*, *Le Point*, *Carrières et emploi*, *L'Express*, *Les Échos* pour le secteur tertiaire;
- la presse spécialisée : *L'Usine nouvelle*, *O1 Informatique*, *Le Moniteur…*

Internet

On recense plusieurs centaines de sites de recrutement en France. Les principaux services proposés par ces sites sont :

- le dépôt des offres d'emploi accompagnées d'espaces de communication et du routage des offres vers les candidats concernés (push mailing);

- la consultation de CVthèques.

Ce secteur étant extrêmement concurrentiel, les sites adoptent des stratégies de service de plus en plus sophistiquées. Internet vous apporte :

- une aide à la rédaction de l'annonce et à la présentation de votre entreprise;
- l'attribution d'un mot de passe vous permettant de gérer vos annonces en temps réel (modifications, suppression, etc.);
- une information sur les statistiques de connexion sur votre annonce;
- une rapidité dans la circulation de l'information qui raccourcit les délais de recrutement;
- l'accès à des bases de données notamment sur les salaires proposés, les postes les plus recherchés, etc.;
- la présélection des CV par mots clés.

Les difficultés sont essentiellement :

- la qualité de présentation très moyenne des CV mis en ligne;
- le traitement d'un grand nombre de CV :
  - peu qualifiés par rapport au besoin;
  - d'internautes qui font de la « veille » sans rechercher réellement un nouvel emploi (environ 25 % des candidatures sur le Net).

Il n'est pas facile de trouver son chemin dans la jungle du recrutement on line.

Il est impératif pour utiliser valablement cette filière de disposer d'outils pour sélectionner les sites pertinents par rapport à votre besoin.

De plus, le recrutement sur le net s'est doté d'une charte déontologique et nous vous conseillons d'utiliser ceux qui ont adhéré à celle-ci.

Les sites sont le plus généralement payants pour les entreprises et gratuits pour les candidats.

La question essentielle avant toute investigation sur le net est : « Les candidats potentiels sont-ils des internautes ? » Il est en effet inutile de mettre en ligne une annonce pour rechercher des candidats utilisant d'autres filières de recrutement.

Vous trouverez sur le site optioncarriere.com/sites une liste de sites indiquant leurs spécialités. Une présence sur le net peut déjà être assurée par l'ANPE et l'APEC.

Les sites les plus visités à ce jour (mais les sites et les coûts évoluent vite dans ce domaine !) sont :

- www.cadreonline.com : sa particularité est de proposer une diffusion automatique des offres sur un site spécialisé à choisir parmi une dizaine de sites sélectionnés. Le coût est de 480 € HT pour cinq semaines de parution ;
- www.cadreemploi.fr : le coût est de 490 € HT pour une diffusion de 4 semaines. Ce site apporte une multidiffusion sur d'autres sites majeurs (lesechos.fr, le figaro.fr, l'express.fr...) ;
- www.keljob.com : coûte 460 € par mois et la consultation de la CVthèque 920 € par mois. Keljob fonctionne en partenariat avec d'autres supports tels que telerama.fr, le monde.fr, challenges.fr, le nouvelobs.com... ;
- www.monster.fr : semble être le leader mondial de l'emploi sur le net. La première formule « *post a job* » correspond à une annonce affichée 60 jours pour 495 € HT.

Tous ces prix correspondent à des forfaits de base et vous sont donnés à titre indicatif, ils peuvent aller jusqu'à plusieurs milliers d'euros.

Les écoles et les universités

Les écoles, si vous êtes disposé à embaucher un débutant, et les associations d'anciens élèves qu'elles ont créées pour développer les contacts entre leurs membres et les entreprises constituent une filière intéressante.

La plupart des écoles de commerce ou d'ingénieurs ainsi qu'un certain nombre d'universités sont extrêmement bien structurées dans ce domaine.

Si vous optez pour cette filière et ne connaissez pas les écoles auxquelles vous pourriez faire appel, des guides sont disponibles dans les chambres de commerce, les chambres de métiers et en librairie qui recensent toutes les écoles de France; les services de l'APEC ont également une banque de données bien fournie.

La lecture des demandes d'emploi

Dans un certain nombre de journaux, généralistes ou professionnels, des personnes en recherche d'emploi font paraître une annonce dans la rubrique « Demandes d'emploi ». Ces annonces mentionnent le type de poste recherché ainsi que quelques caractéristiques essentielles sur le postulant. La lecture de ces annonces dont le nombre reste malheureusement très limité est un excellent moyen pour approcher des candidats susceptibles de correspondre à votre besoin. En fait, c'est vous qui faites un premier tri et ne répondez qu'aux annonces susceptibles de vous intéresser en première approche.

Si vous utilisez cette possibilité, les informations étant extrêmement limitées, il est conseillé de demander à l'annonceur, en premier lieu, de vous adresser une lettre et un CV afin de préserver la rigueur de votre processus de recrutement. En effet, la tentation est forte de téléphoner au candidat et de lui proposer une entretien, or vous n'avez pas encore assez d'informations pour cela.

L'intérim

Le recours à une société d'intérim peut être pour certains postes très intéressant. Il vous permet, si vous avez besoin de recruter dans l'urgence, de pourvoir très rapidement un poste vacant et, soit de recruter l'intérimaire, soit de prendre le temps d'effectuer votre recrutement. De nombreuses sociétés d'intérim sont spécialisées et ont donc à disposition un certain nombre de candidatures dans le domaine d'activité concerné. Elles vous déchargent de la gestion du processus de recrutement. Le recours à l'intérim représente un surcoût, il s'agit donc de faire une analyse comparative des coûts et des apports.

Les nouvelles dispositions permettent aux sociétés de travail intérimaire de réaliser des recrutements de CDI et CDD au même titre que les cabinets-conseils en recrutement.

Les autres filières

Il s'agit :

– des salons de recrutement ou « Job convention »;

– des associations de demandeurs d'emploi, mais elles sont difficiles à identifier.

À ce stade, un court aparté sur la mobilité et la promotion interne est nécessaire. Ce sont des leviers de motivation individuelle et de dynamisme dans une entreprise. Selon la taille de l'entreprise, les circuits à utiliser sont extrêmement variés. L'une et l'autre sont à manier avec précaution afin de ne pas aboutir à l'effet inverse de celui recherché. Elles doivent être traitées avec la même rigueur que tout recrutement externe. Quelques règles simples sont à respecter :

- faire une analyse des candidats internes potentiels par rapport au profil du poste avant toute proposition;
- avoir un entretien permettant de faire un bilan en profondeur sur tous les aspects du profil de poste. Une plus grande transparence que lors d'un recrutement externe est à observer afin de mettre en place une stratégie gagnant/gagnant;
- en cas de refus de votre part, objectiver celui-ci et prendre le temps de l'expliquer à la personne concernée. En profiter pour analyser, si cela est dans votre champ d'action, les possibilités de faire évoluer la fonction actuelle de la personne qui montre un désir de changement.

Rédiger une annonce

Quelle que soit la filière retenue nécessitant de rédiger une annonce, celle-ci doit remplir trois objectifs : informer, inciter et sélectionner.

Informer de l'offre d'emploi

Le seul fait de faire paraître l'annonce remplit ce premier objectif. Mais il s'agit surtout d'informer sur le contenu du poste à pourvoir et les principaux critères de sélection.

Inciter les candidats à postuler

Il faut donner envie aux candidats potentiels de répondre à l'annonce. Sa rédaction doit être cohérente avec le type de personne que vous souhaitez attirer. Pour un poste très administratif ou gestionnaire, il sera préférable de rédiger une annonce stricte, précise, rigoureuse car elle va attirer l'œil d'une personne correspondant à ce type de profil. Un artiste, un commercial, un créatif seront rebutés par une annonce austère. Pour un poste commercial, vous aurez intérêt à rédiger une annonce qui ouvre le champ des possibilités. Pour un technicien, un « homme de métier », les aspects techniques, très professionnels seront à privilégier.

Si la personne recherchée est dans un type de profil proche du vôtre, vous n'aurez aucun problème pour rédiger une annonce qui va attirer les candidats que vous souhaitez voir postuler. En revanche, si le candidat recherché est très éloigné de votre profil, vous aurez davantage de difficultés à rédiger une annonce qui va convaincre le type de candidat dont vous avez besoin. Dans ce cas, n'hésitez pas à vous faire aider par une personne qui se situe dans le même type de fonctionnement que celui du candidat recherché. Par exemple, vous êtes un commercial, quel que soit le niveau, et vous recherchez un comptable précis et fiable. Écrivez les points clés que vous souhaitez voir figurer dans votre annonce, puis demandez à quelqu'un qui occupe une fonction exigeant les mêmes qualités de rédiger cette annonce. Il est très difficile de coopter des personnes différentes de soi.

Présélectionner

C'est le troisième objectif d'une annonce de recrutement. Cela consiste à donner des informations précises permettant au lecteur de déterminer si sa candidature correspond à votre besoin et si elle a une chance d'être sélectionnée. Les critères mentionnés dans l'annonce doivent dissuader les candidats qui ne sont pas en adéquation avec le profil exigé. Dans cette période complexe sur le marché de l'emploi, cela ne suffit pas toujours à empêcher bon nombre de candidats de répondre. Mais, au moins ne seront-ils pas surpris quand ils recevront une réponse négative.

La législation en la matière

Avant d'aborder la rédaction d'une annonce de recrutement, il est important de bien connaître la législation à ce sujet.

Les principales règles à observer sont :

- *Rédaction en français :* une offre d'emploi doit être rédigée en français. Toutefois, si l'emploi offert ne peut être désigné que par un terme étranger sans correspondant en français, le texte français doit en comporter une description suffisamment détaillée pour ne pas induire en erreur la personne intéressée. Ces règles s'appliquent pour un poste proposé :

- sur le territoire français, peu importe la nationalité de l'auteur de l'offre ou de l'employeur;
- à l'étranger quand l'auteur de l'offre ou l'employeur est français, et ce, y compris dans les cas où la parfaite connaissance d'une langue étrangère est l'une des conditions requises pour obtenir l'emploi (code du travail art. L. 311-4).

Quelques exceptions sont autorisées : les offres d'emploi pour un travail à effectuer à l'étranger et dont l'employeur est étranger, les publications destinées à des étrangers vivant en France, les offres destinées à des personnes de nationalité étrangère et liées à l'activité internationale d'une entreprise.

- *Interdiction de fausses allégations :* le rédacteur d'une offre d'emploi doit veiller à ce que celle-ci ne comporte pas d'allégations fausses ou susceptibles d'induire en erreur sur un ou plusieurs des éléments suivants :
  - l'existence, le caractère effectivement disponible, l'origine, la nature et la description de l'emploi ou du travail;
  - la rémunération et les avantages annexes;
  - le lieu de travail.
- *Pas de limite d'âge supérieure :* il n'est pas possible d'inscrire dans l'offre d'emploi un âge limite, sauf si une condition d'âge est imposée par les textes législatifs ou réglementaires. Tel est le cas, par exemple, pour les contrats de professionnalisation (concernant notamment les moins de 26 ans) ou pour les emplois qui ne peuvent légalement être tenus en dessous d'un certain âge (ex. : emploi des jeunes dans les débits de boisson) (code du travail art. L. 211-5).
- *Pas de mentions sur le sexe ou la situation de famille :* le sexe ou la situation de famille du candidat recherché ne doivent pas non plus être mentionnés dans une offre d'emploi (ex. : célibataire, sans enfant) (code du travail art. L. 123-1). À ce titre, il est recommandé de citer les deux genres, par exemple « employé(e) » ou « chargé(e) de… », lorsque l'offre concerne un emploi dont il existe une dénomination au masculin et au féminin (circulaire ministérielle 2 mai 1984, JO du 7 juin).

Si la dénomination de l'emploi n'existe qu'au masculin ou au féminin, il est conseillé :

– soit d'ajouter une mention indiquant que l'emploi est offert aux candidats des deux sexes (ex. : cadre H/F, ingénieur H/F) ;
– soit d'utiliser des mots neutres tels que « personnes chargées de... » quand il résulte clairement de l'offre qu'elle s'adresse aux candidats des deux sexes dans des conditions identiques.

Il existe des exceptions pour :

– quelques rares emplois « pour lesquels l'appartenance à l'un ou l'autre sexe constitue une condition déterminante » : artistes, mannequins ;
– certains emplois interdits aux femmes en raison de leur pénibilité ou dangerosité.

Toutefois, l'entreprise peut, dans le cadre d'un plan pour l'égalité professionnelle, réserver certaines embauches à des candidatures féminines pour parvenir à la mixité de certaines catégories d'emploi et à libeller les offres d'emploi en conséquence (code du travail art. L. 123-4).

- *Pas de mentions discriminatoires :* une offre d'emploi ne peut pas comporter de références à des critères discriminatoires interdits comme les mœurs, la religion, les opinions politiques, l'appartenance ou la non appartenance à une ethnie, une race, etc. (code du travail art. L. 310-2). À titre d'exemple, une offre d'emploi ne peut pas exclure tout demandeur d'origine nord-africaine (cass. crim. 30 janvier 1990, n° 86-92.690 D).
- *Mention de la date :* une offre d'emploi publiée ou diffusée doit être datée (c. trav. art. L. 311-4).
- *Les médias :* les offres d'emploi peuvent être diffusées par tout moyen : presse, Internet, etc. Elles ne peuvent pas être vendues et ce, quel que soit le support. Toutefois l'employeur peut avoir à payer leur insertion, dans une publication ou tout autre moyen de communication payant (c. trav. L. 311-4).
- *Les offres anonymes :* l'employeur qui publie une offre anonyme est tenu de faire connaître son nom ou sa raison sociale et son adresse au directeur de la publication ou au responsable du moyen de communication choisi.
- *Sanctions pénales :* l'insertion dans une offre d'emploi de mentions interdites est pénalement sanctionnée, la gravité de la sanction varie selon la mention en cause (c. trav. art. R. 361-1, L. 631-4 et c. pén. art. 225-2).

Comment rédiger une annonce

La rédaction de l'annonce consiste à faire un condensé précis et clair de votre besoin. Elle se prépare donc à partir du profil du poste.

Rédiger une annonce comprend quatre phases.

1. Quels sont les éléments qui doivent figurer dans l'annonce pour informer valablement les candidats susceptibles d'être intéressés ? Ces éléments sont-ils parfaitement évidents et sélectifs par rapport à mes critères de recrutement ?
2. Rédigez l'annonce que vous considérez comme optimale. Est-elle incitative ?
3. Répond-elle à la législation en vigueur ?
4. Dans quels supports faut-il la faire passer ? Si vous passez cette annonce dans la presse, la question du coût va se poser. Renseignez-vous auprès du ou des médias que vous avez choisi(s) et demandez un devis. Si celui-ci est trop élevé, sélectionnez ce qui vous semble le plus pertinent et allégez. Pour réussir son annonce, il est préférable de « couper » plutôt que de se baser sur un minimum lors de sa conception.

Quelques questions se posent :

- Faut-il ou non faire figurer l'identité de l'entreprise ? De façon générale, les annonces dans lesquelles l'identité de l'entreprise figure ont un meilleur rendement que les annonces dites « aveugles ». Cela ne vous empêche pas de faire adresser les réponses au journal.
- Faut-il demander ou non la photo ? Elle vous apporte, certes, des informations sur les candidats. Toutefois les photos ne sont qu'un reflet de la réalité; elles ne sont pas toujours représentatives des candidats. Nous avons toujours des réactions parfaitement subjectives en regardant des photos. Alors ne basez pas votre présélection sur celles-ci. En la matière, une donnée est parfaitement objective : la personne a-t-elle joint une photo que vous avez demandée. Si ce n'est pas le cas, il sera intéressant de demander pourquoi au candidat.
- Faut-il demander les prétentions ? Cela est très intéressant de savoir dès le départ si la rémunération souhaitée concorde avec celle que vous allez proposer. Cependant, nombreux sont les candidats qui ne le mentionnent pas et l'on ne peut pas éliminer une candidature simplement pour cela.

Reprenons nos quatre exemples en confrontant la matrice préparatoire de l'annonce et l'annonce proprement dite.

Exemple 1 : Webmaster

Pour ce type de poste le meilleur support est Internet. La forme dépend du site utilisé.

L'annonce peut être du type suivant :

Annonce n°	
Intitulé	Webmaster
La société	XXX
Descriptif de la société	XXX
Description du poste	Créer et assurer l'exploitation du site de l'entreprise
Niveau de formation	Bac + 2. Formation multimédia
Niveau d'expérience	Une première expérience webmaster ou webdesigner
Connaissances spécifiques	Maîtrise du langage HTML, des outils bureautiques, culture informatisée de l'image et capacités rédactionnelles
Qualités requises	Autonomie, aisance relationnelle, ouverture d'esprit
Type de contrat	CDI
Lieu	Strasbourg
Rémunération	Non renseigné

Exemple 2 : Assistant(e) juridique dans un cabinet d'avocats

Ce poste est plus « pointu » que le précédent et concerne un secteur professionnel.

Sur le plan des filières le réseau relationnel (à savoir contacter tous les avocats confrères), la cooptation et la lecture des demandes d'emploi dans *La Gazette du Palais* sont à privilégier dans un premier temps.

Si ces deux filières ne permettent pas de pourvoir le poste, une annonce sera à passer. Les meilleurs supports pour ce type de poste sont *La Gazette du Palais* et *Le Figaro*.

L'annonce pourra être la suivante :

CABINET D'AVOCATS
Spécialisé en droit des affaires international – Paris XVIIe
RECHERCHE ASSISTANT (E) JURIDIQUE
Vous assurez le secrétariat juridique de deux avocats et la responsabilité de la vie sociale de nos clients.
Profil :
- Minimum 30 ans et 5 ans d'expérience dans une fonction analogue.
- Parfaitement bilingue français/anglais
- Pratique de Word
- Connaissance du droit des sociétés.
- Rapidité, adaptabilité et disponibilité

Merci d'adresser votre candidature à...

Exemple 3 : Chargé(e) de mission dans une compagnie d'assurances

Nous sommes le 2e groupe d'assurance généraliste français
Pour accompagner notre développement nous souhaitons intégrer :
COMMERCIAUX EN ASSURANCES DE PERSONNES (H/F).
Vous souhaitez vous investir dans un secteur d'activité dynamique et devenir un véritable professionnel reconnu pour ses résultats.
Vous commercialisez des contrats auprès d'une clientèle d'entreprises et de professionnels dans le domaine de la retraite, de la prévoyance et des produits de placement : conquête de nouveaux clients, suivi du portefeuille et mise en place d'un réseau de prescripteurs.
De formation supérieure, vous justifiez d'une expérience réussie d'au moins 3 ans dans la vente.
Votre force de persuasion et vos capacités de négociation sont complétées par votre adaptabilité à des interlocuteurs variés.
Vous bénéficierez d'une formation initiale et permanente de haut niveau.
La rémunération comporte :
Fixe + Commission +Remboursement de frais + Prime annuelle
Adressez votre candidature à....

Pour ce poste deux sources principales de candidatures étaient à envisager : la cooptation et les annonces presse. La société ayant plusieurs postes à pourvoir en France, *L'Express* a été choisi.

Le titre du poste « Chargé(e) de mission » n'est pas explicite. Il était plus parlant de le nommer « Commercial en assurances de personnes ». L'entreprise étant connue et reconnue, donner son identité était un plus pour attirer les candidats; celle-ci a été assortie d'une courte présentation.

Exemple 4 : Chef d'atelier « revêtement » dans une usine d'extrusion de matières plastiques

Deux filières sont à privilégier : le réseau relationnel professionnel et une annonce dans *L'Usine nouvelle*.

PME DE CÔTE-D'OR
développe et commercialise des produits
en thermoplastique extrudés,
crée un poste de
RESPONSABLE D'UNE UNITE DE FABRICATION.
Rattaché à la direction, vous assurez la fabrication de nos produits dans le respect des exigences de qualité et recherchez les solutions techniques pour répondre aux besoins nouveaux de nos clients.
Vous pilotez une équipe en régime posté.
Vous avez un BTS à dominante mécanique ou électrotechnique et une expérience industrielle comportant un management d'équipe.
Vous êtes organisé et rigoureux,
vous avez un sens pratique développé et des qualités relationnelles.
Nous attendons votre candidature à....

CHAPITRE 4

La présélection sur dossiers de candidature

Elle permet d'éliminer les candidatures contre-indiquées et de sélectionner les candidats qu'il convient de recevoir en entretien. Cette élimination se fait sur la base d'une grille d'analyse rigoureuse élaborée à partir du profil du poste. Toutes les candidatures (lettres et curriculum vitæ adressés par les candidats) sont ainsi analysées selon les mêmes critères. Cette présélection sur dossiers peut être complétée par une seconde présélection à l'aide d'un entretien téléphonique.

Une présélection efficace et réussie est celle qui vous permet de recevoir un minimum de candidats en entretien et de trouver parmi ceux-ci celui qui va être en adéquation avec le poste.

Jusqu'à cet instant, dans ce processus que nous avons qualifié de processus de gestion de l'information, vous avez défini et organisé des informations qualifiantes sur votre besoin. À partir de maintenant vous allez recueillir, analyser et donc gérer des informations fournies par des candidats en les comparant en permanence à votre besoin.

La lettre de candidature et le CV sont le premier acte de communication d'un candidat en direction d'un employeur. Ils visent à mettre un certain nombre d'informations à la disposition du recruteur, à lui donner la possibilité d'avoir une première perception du candidat et à l'inciter à donner suite à la candidature en convoquant la personne en entretien.

À réception des lettres et CV, la priorité est d'effectuer un tri et d'éliminer les candidatures qui ne correspondent pas au besoin. Ce tri est réalisé sur la base d'une grille de présélection.

La lettre de candidature a pour rôle, au-delà de celui d'accompagner le CV, de faire ressortir les motivations du candidat pour le poste. Le CV apporte des renseignements sur l'état civil du candidat, son niveau de formation et son parcours professionnel.

La présélection doit permettre de départager les candidatures en trois catégories :

- les (+) qui sont les candidats qui ont franchi positivement toutes les étapes de la grille de présélection;
- les (+/–) pour lesquels certaines interrogations subsistent;
- et les (–) dont la candidature ne correspond pas aux critères essentiels retenus.

Une grille de présélection bien structurée doit, quelle que soit la personne qui analyse les candidatures, sélectionner les mêmes candidats dans chacune des trois catégories.

L'analyse des dossiers de candidature est devenue extrêmement difficile en raison de la possibilité donnée aux personnes en recherche d'emploi de se procurer quantité de livres sur le sujet et de participer à des stages proposés par divers organismes. Ils ne sont plus le reflet de la personne, mais le résultat d'une construction artificielle réalisée avec des professionnels.

Établir une grille de présélection

Comme nous l'avons évoqué précédemment, il nous faut, à partir de cette étape du recrutement, avoir un tamis identique pour toutes les candidatures reçues de façon à engager le processus de prise de décision avec des données comparables. La meilleure manière d'y parvenir, et la plus efficace, est de bâtir une grille de présélection utilisée pour toutes les candidatures quelle que soit la filière suivie.

Cette grille de présélection comporte trois rubriques qui concernent:

- l'analyse de la lettre de motivation,
- l'analyse du CV,
- les questions à poser au candidat.

La préparation de cette grille comporte deux phases :

- la première comprend un certain nombre de questions que l'on est en droit de se poser sur tout dossier de candidature;

– la seconde découle du profil du poste que vous avez construit.

Toutes les questions doivent être formulées de sorte que la réponse ne puisse être formulée que par « oui » ou par « non ». Ce sont des questions que l'on qualifie de questions fermées. Par exemple : A-t-il plus de vingt-six ans ? Est-il diplômé d'une école de commerce ? A-t-il un brevet de comptabilité ? A-t-il au moins dix ans d'expérience dans l'horticulture ?

Les questions standard à se poser sur une candidature

Elles se subdivisent en deux rubriques : les questions sur la lettre dite de motivation et celles sur le CV Elles portent sur deux niveaux : le fond et la forme.

Les questions de base concernant toute lettre de motivation sont :

- Est-elle bien présentée ? Sa présentation est-elle cohérente avec le niveau du poste ? En effet, le niveau d'exigence dans la présentation de la lettre n'est pas le même selon le niveau du poste proposé. On ne demandera pas à un magasinier la même qualité qu'à une secrétaire ou à un ingénieur. À ce propos, rappelons que les règles en vigueur à observer par les candidats veulent que la lettre soit manuscrite et le CV dactylographié. Ceci est de moins en moins vrai, nous recevons de plus en plus de lettres de motivation dactylographiées. Il n'est plus possible d'en faire un élément discriminant. L'analyse de la présentation porte sur la lisibilité, le vocabulaire, l'orthographe, la mise en page et le respect des règles de correspondance.
- Est-elle ciblée sur l'offre d'emploi et l'entreprise ? Il n'est pas rare de recevoir des lettres standard. Certains candidats rédigent une lettre parfaitement banalisée (dans le meilleur des cas elle est recopiée, mais très souvent simplement photocopiée) qu'ils adressent tous azimuts. Cette pratique, compréhensible en raison du parcours du combattant que représente dans certains cas une recherche d'emploi, n'en est pas moins une information intéressante sur la qualité de ce premier acte de communication émanant du candidat.
- Les motivations qui émergent de la lettre sont-elles cohérentes avec le poste proposé ? Un candidat qui mentionne dans sa lettre comme seule motivation « de se rapprocher de son domicile » est-il réellement centré sur l'adéquation entre ses capacités et le poste proposé ? Un candidat qui écrit qu'il recherche un travail en équipe et une bonne

ambiance, alors que c'est un poste dans lequel il va être complètement seul, a-t-il des motivations cohérentes avec votre poste ?

- Les prétentions salariales (si cela a été demandé dans l'offre d'emploi) sont-elles mentionnées ? Sont-elles cohérentes avec celles envisagées ?

Les questions de base à se poser concernant le CV

- Le CV est-il clairement présenté (ordre et précision) ?
- Est-il accompagné d'une photo (surtout si cela a été précisé dans l'annonce) ?
- Est-ce que je peux reconstituer entièrement son cursus de formation et sa carrière ?
- Est-ce que les dates mentionnées sont précises et cohérentes ?
- Est-ce que le détail de chacun des postes tenus m'apporte une information minimale sur le contenu du poste et les compétences que la personne devait mettre en œuvre ?
- Est-ce que les noms des entreprises dans lesquelles la personne a été employée sont mentionnés ?
- Est-ce que je peux identifier sa situation actuelle ?
- Par convention, la plupart des candidats mentionnent leurs loisirs ou centres d'intérêt, cela n'a aucune pertinence dans la présélection.

Les questions découlant du profil de poste

Le profil de poste ayant défini précisément les caractéristiques recherchées, il est possible d'en extraire tous les éléments que l'on peut objectivement vérifier dans le CV d'une personne. Il faut donc reprendre le profil de poste et sélectionner ces éléments. Les plus fréquents sont l'âge, le niveau de formation, l'expérience professionnelle et certaines compétences.

Les questions apparaissant à la lecture du dossier de candidature

La lecture du dossier adressé par le candidat déclenche un certain nombre d'interrogations. En effet, la présélection est le moment où vous décortiquez une candidature. Notez au fur et à mesure de l'analyse les interrogations déclenchées par la lecture de la lettre et du CV Ces interrogations sont souvent intéressantes en tant que regard complémentaire porté sur le candidat. Elles vous seront également très utiles, soit pour approfondir la présélection par téléphone, soit au cours de l'entretien.

Pour les candidats qui sont dans les catégories (+/–) et (+), une analyse approfondie de la candidature, la préparation des questions essentielles à poser lors d'une présélection téléphonique et la préparation de l'entretien passent par un travail rigoureux. Il consiste à reprendre le CV et la lettre ligne à ligne et à noter toutes les questions qui vous permettront d'expliciter, d'obtenir des informations précises pour comprendre ce qu'il y a au-delà du discours.

Un exemple vous est fourni à la fin de ce chapitre.

Reprenons nos exemples.

Exemple 1 : Webmaster

L'offre d'emploi étant diffusée sur Internet, il n'y aura pas de lettre manuscrite et de CV au sens classique du terme. Nous devrons nous contenter d'un CV quelque peu standardisé, bien que les candidats commencent à soigner davantage la présentation de leur courrier électronique d'accompagnement. Toutefois les règles de la présélection, bien que moins fines, restent valables.

Nous allons pouvoir vérifier : le niveau d'études, la formation multimédia et son niveau, l'existence d'une première expérience en tant que webdesigner ou webmaster et la qualité et la pertinence des informations fournies.

Exemple 2 : Assistant(e) juridique dans un cabinet d'avocats

Quelles sont les données que nous allons pouvoir vérifier dans la lettre et le CV ? L'âge, l'expérience, le bilinguisme et la pratique de Word. (Voir grille de présélection.)

Exemple 3 : Chargé(e) de mission dans une compagnie d'assurances

Les données à vérifier vont être : le niveau d'études (minimum Bac + 2), l'âge (minimum 26 ans), une première expérience dans la vente, l'expérience dans la vente de services ou de produits financiers (+), l'esprit de synthèse dans la lettre, maîtrise du Pack Office, le permis de conduire. (Voir grille de présélection.)

GRILLE DE PRÉSÉSELECTION WEBMASTER

Nom : ....

Le courrier d'accompagnement :

– Est-il bien présenté ?	+	–
– Apporte-t-il une plus-value à la candidature ?	+	–
– Les motivations sont-elles cohérentes avec le poste proposé ?	+	–

Le CV :

– Le candidat a-t-il une 1re expérience webmaster ou webdesigner ?	+	–
– A-t-il un niveau bac + 2 ?	+	–
– A-t-il une formation multimédia ?	+	–
– Cette formation est-elle de bon niveau ?	+	–
– Est-ce que je peux reconstituer son parcours ?	+	–
– Les dates sont-elles précises et cohérentes ?	+	–
– Ai-je une information minimale sur les postes tenus ?	+	–
– Est-ce que les noms des entreprises dans lesquelles la personne a été employée sont mentionnés ?	+	–
– Est-ce que je peux identifier sa situation actuelle ?	+	–

Questions à poser :

....
....
....

+ +/– –

GRILLE DE PRÉSÉSELECTION ASSISTANT(E) JURIDIQUE

Nom : ....

La lettre :

– Est-elle bien présentée ?	+	–
– Est-elle ciblée sur l'offre d'emploi et l'entreprise ?	+	–
– Les motivations sont-elles cohérentes avec le poste proposé ?	+	–

Le CV :

– Est-il clairement présenté (ordre et précision) ?	+	–
– Est-ce que je peux reconstituer son parcours professionnel ?	+	–
– Les dates sont-elles précises et cohérentes ?	+	–
– Ai-je une information minimale sur les postes tenus ?	+	–
– Est-ce que les noms des entreprises dans lesquelles la personne a été employée sont mentionnés ?	+	–
– Est-ce que je peux identifier sa situation actuelle ?	+	–
– Est-elle bilingue anglais ?	+	–
– A-t-elle une connaissance du Pack Office ?	+	–
– A-t-elle plus de 30 ans ?	+	–
– A-t-elle 5 ans d'expérience analogue ?	+	–

Questions à poser :

....

....

....

+ +/– –

GRILLE DE PRÉSÉSELECTION CHARGÉ(E) DE MISSION

Nom : ....

La lettre :

– Est-elle bien présentée ?	+ –
– Le style est-il cohérent avec le poste ?	+ –
– Est-elle ciblée sur l'offre d'emploi et l'entreprise ?	+ –
– Les motivations sont-elles cohérentes avec le poste proposé ?	+ –
– La lettre démontre-t-elle un esprit de synthèse ?	+ –

Le CV :

– Est-il clairement présenté (ordre et précision) ?	+ –
– Est-ce que je peux reconstituer son parcours professionnel ?	+ –
– Les dates sont-elles précises et cohérentes ?	+ –
– Ai-je une information minimale sur les postes tenus ?	+ –
– Est-ce que les noms des entreprises dans lesquelles la personne a été employée sont mentionnés ?	+ –
– Est-ce que je peux identifier sa situation actuelle ?	+ –
– A-t-elle plus de 26 ans ?	+ –
– A-t-elle un Bac + 2 ?	+ –
– A-t-elle une 1re expérience de la « vente debout » ?	+ –
– A-t-elle son permis de conduire ?	+ –
– A-t-elle un savoir-faire informatique (Pack Office) ?	+ –
+ A-t-elle une expérience dans la vente de services ou de produits financiers ?	+ –

Questions à poser :

....

....

....

\+ +/– –

GRILLE DE PRÉSÉSELECTION CHEF D'ATELIER

Nom :...

La lettre :

– Est-elle bien présentée ? (lisibilité, orthographe, vocabulaire, mise en page, règles de correspondance)	+	–
– Est-elle ciblée sur l'offre d'emploi et l'entreprise ?	+	–
– Les motivations sont-elles cohérentes avec le poste proposé ?	+	–
– Démontre-t-elle des qualités rédactionnelles ?	+	–

Le CV :

– Est-il clairement présenté (ordre et précision) ?	+	–
– Est-ce que je peux reconstituer son parcours professionnel ?	+	–
– Les dates sont-elles précises et cohérentes ?	+	–
– Ai-je une information minimale sur les postes tenus ?	+	–
– Est-ce que les noms des entreprises dans lesquelles la personne a été employée sont mentionnés ?	+	–
– Est-ce que je peux identifier sa situation actuelle ?	+	–
– A-t-il un BTS à dominante mécanique ou électrotechnique ?	+	–
– A-t-il une expérience industrielle dont 5 ans en tant qu'agent de maîtrise ?	+	–
– Son parcours démontre-t-il une connaissance de :		
– l'ordonnancement ?	+	–
– la gestion de production ?	+	–
– la métrologie ?	+	–
– la maintenance ?	+	–
– les techniques de qualité	+	–

Questions à poser :

....
....
....

\+   +/–   –

Exemple 4 : Chef d'atelier dans une unité d'extrusion de matières plastiques

> Les données relatives au profil pouvant être vérifiées sont : le BTS à dominante mécanique ou électrotechnique, l'expérience industrielle dont au moins cinq ans comme agent de maîtrise, une première approche des qualités rédactionnelles, les connaissances en gestion de production, ordonnancement, métrologie et techniques de qualité. (Voir grille de présélection.)

Lorsque votre grille de présélection est réalisée, il vous suffira de la photocopier en autant d'exemplaires que de candidatures reçues et d'amorcer ainsi la sélection des candidats en vous appuyant sur des bases solides.

Sélectionner les candidats à recevoir en entretien

De cette analyse rigoureuse des candidatures vous allez ressortir :

– des candidats qui ont des + partout : ceux-là sont à convoquer en entretien car ils répondent aux critères retenus;

– des candidats qui ont des – dans les rubriques constituant des éléments indispensables pour tenir le poste. Leur candidature est donc à éliminer, les rubriques représentant des + n'étant pas éliminatoires;

– des candidats pour lesquels vous avez des points d'interrogation car vous n'avez pas l'information pour cocher + ou –. Dans ce cas, contactez le candidat par téléphone afin de compléter votre grille, sans pour autant le convoquer, mais en lui expliquant bien que vous avez de nombreuses candidatures et qu'il vous manque quelques informations pour compléter son dossier.

Affiner la présélection par un entretien téléphonique

Dans le recrutement pour un poste impliquant des qualités relationnelles, ou s'il vous reste de nombreux candidats à convoquer à l'entretien, il est intéressant d'affiner sa présélection par un entretien téléphonique. Vous pouvez donc parfaitement contacter les candidats afin de déterminer en première approche s'il possède des qualités relationnelles de base et commencer à vérifier quelques caractéristiques mentionnées dans votre profil. Il ne s'agit que d'un approfondissement de votre présélection, aussi soyez clair sur l'objectif de l'appel. Ne vous laissez pas influencer par le candidat qui naturellement, dès l'établissement d'un contact avec un employeur potentiel, n'a qu'un objectif : obtenir un rendez-vous.

Aussi, prenez les mêmes précautions oratoires que lorsqu'il vous manque des informations pour compléter votre présélection : il ne s'agit pour l'instant que de compléter son dossier. Afin de garder votre disponibilité pour écouter le candidat, préparez à l'avance les questions que vous lui poserez. Ce sont des questions ou des aspects particuliers à écouter pour compléter votre information par rapport au profil et celles que vous avez notées au fur et à mesure de l'analyse du dossier de candidature qu'il est possible d'aborder par téléphone.

Reprenons nos exemples.

Exemple 1 : Webmaster

> Toujours en partant du profil du poste, demandez-vous : quelles sont les caractéristiques qu'il est possible de vérifier par téléphone ?
>
> Dans ce cas vous pouvez vous centrer sur les qualités de contact, l'écoute, la capacité de synthèse, l'intérêt pour l'activité de l'entreprise, la localisation géographique, et les raisons de son changement de résidence si la personne n'est pas de Strasbourg, sa réelle motivation pour le poste. Cela vous donne bon nombre d'informations complémentaires qui vous aideront à décider si vous devez convoquer la personne en entretien.

Exemple 2 : Assistant(e) juridique dans un cabinet d'avocats

> Pour ce poste vous pouvez orienter votre attention et votre collecte d'informations sur l'aisance verbale en français et en anglais, une première approche de l'amabilité.

Exemple 3 : Chargé(e) de mission dans une compagnie d'assurances

> Ce poste de chargé(e) de mission est plus complexe. Vous allez pouvoir commencer à valider en première approche son aisance verbale, ses aptitudes à être synthétique et à convaincre. Vous pourrez également vérifier s'il a la possibilité de suivre une formation en alternance sur Paris pendant une année, s'il n'a aucune condamnation à son actif et s'il est ou non sous le coup d'une clause de non-concurrence.

Exemple 4 : Chef d'atelier « revêtement » dans une unité d'extrusion de matières plastiques

> Dans ce cas, peu de caractéristiques peuvent être validées lors d'un entretien téléphonique. Il sera possible de se centrer, pour avoir une première appro-

che du candidat, sur des compléments par rapport au CV axés sur une pratique en ordonnancement, métrologie et techniques de qualité.

L'important dans cette deuxième présélection est d'être bien clair sur ce que l'on recherche en s'appuyant sans cesse sur le profil du poste. Par exemple, si vous recrutez un aide-comptable, la qualité ou la non-qualité de sa communication au téléphone ne doivent pas intervenir dans vos critères; en revanche, la précision de ses réponses et le sens du détail seront plus pertinents. Si vous recrutez une personne pour un service « Publicité », des réponses de style non conformiste peuvent être intéressantes.

On ne convoque jamais un candidat dans le doute en se disant : « On ne sait jamais, sa candidature est peut-être plus intéressante qu'il n'y paraît ». Il est confirmé que c'est rarement le cas. Je tiens à rappeler qu'une candidature est ou non intéressante par rapport à un profil et jamais en soi. Un recrutement ne consiste pas à évaluer une personne pour elle-même, mais uniquement pour son adéquation à un poste déterminé.

Convoquer à l'entretien

Vous avez sélectionné des candidats que vous souhaitez recevoir en entretien pour poursuivre l'analyse de leur candidature et vous allez les convoquer. Cette convocation se fait le plus souvent par téléphone. Un point important, auquel peu de recruteurs pensent, est de demander au candidat d'apporter copie de ses diplômes, certificats de stages, certificats de travail et tout autre document qui lui semblerait utile pour étayer sa candidature.

Les documents et informations qu'il est possible de demander à un candidat sont soumis à certaines règles. Ils doivent avoir un lien direct avec l'emploi, ce qui est le cas des documents précités. Vous ne pouvez pas demander, par exemple, le dossier scolaire de la personne qui est considéré comme un document à caractère personnel. En revanche, vous pouvez demander un relevé de notes vous permettant de connaître le niveau du candidat dans les matières qui ont un lien direct avec l'emploi proposé. En ce qui concerne le casier judiciaire (extrait n° 3), vous ne pouvez le réclamer que s'il y a un rapport avec l'activité proposée (manipulation de fonds, par exemple).

Demander ces documents à un candidat comporte plusieurs avantages. Le premier est que bon nombre de candidats qui ont apporté quelques

« aménagements et embellissements » à leurs CV ne se présenteront pas à l'entretien ou bien seront tenus de s'expliquer. Le deuxième démontre la rigueur de vos méthodes de recrutement. Les candidats pressentant votre niveau d'exigence vont réagir en conséquence. Le troisième avantage est l'apport d'informations sur un candidat. Entre un candidat auquel il manque une partie des documents, qui, de plus, les remet de façon désordonnée, et un candidat qui remet un dossier complet et rangé chronologiquement, quelles informations sur la personne en déduisez-vous ? Quatrième avantage et non des moindres, cela vous permet de comparer ces données avec les informations mentionnées dans le CV Et, enfin, un dernier intérêt est de découvrir les documents complémentaires que les candidats auront apportés. Certains ajoutent leurs dernières feuilles de paye ce qui démontre le souci de transparence de la personne; des mémoires ou rapports de stage, ou encore des lettres de leurs précédents employeurs. Tout acte d'un candidat qui fournit spontanément des informations complémentaires est révélateur de « qui il est et comment il fonctionne ».

Informer des réponses négatives

Il est souhaitable, par respect pour les candidats qui vous ont écrit et attendent une réponse, ainsi que pour l'image de votre entreprise, d'informer les personnes dont les candidatures ne sont pas retenues. Car vous qui recrutez, n'oubliez jamais qu'une personne qui recherche un emploi se trouve dans deux situations possibles : soit elle a un emploi et désire en changer, soit elle est en recherche d'emploi et tous les matins elle va ouvrir sa boîte aux lettres avec beaucoup d'espoir et d'anxiété.

Il n'est pas toujours facile, selon le nombre de candidatures reçues et votre charge de travail, de répondre à toutes les candidatures éliminées. Sachez qu'il existe des « ateliers protégés » qui effectuent la partie matérielle de ce travail pour des coûts très raisonnables. Les ateliers protégés sont des organisations qui emploient des personnes handicapées.

Enfin, n'oubliez pas de mettre une dose d'humanité dans votre courrier.

Exemple d'analyse de dossier de candidature pour un poste de Chargé(e) de mission.

LA LETTRE DE MOTIVATION

Nom Prénom **Nom de l'entreprise**

....

Adresse

....

....

Tél. :......................................

Le 25 mai 2006

Madame, Monsieur,

Votre société XXXXXX spécialiste de XXXXXX a retenu mon attention de commerciale confirmée.

En effet, je développe mes compétences professionnelles depuis dix ans à travers différentes expériences réussies dans le monde de la vente directe de services ou produits destinés aussi bien à une clientèle de particuliers que de professionnels.

Forte de cette expérience terrain, j'ai le sens de l'objectif grâce au conseil, suivi et développement d'un portefeuille clients qui s'en trouve fidélisé.

Cette perspective d'intégrer sur mon département une équipe de professionnels gagnante, après avoir reçu une solide formation aux produits m'enthousiasme.

Habituée au challenging permanent qu'impose le secteur de l'assurance où la concurrence est vive, renforce ma volonté de mettre en pratique mes qualités de négociatrice avertie à l'écoute de chaque cas et mon goût pour les responsabilités.

Convaincue de l'intérêt que vous porterez à ma candidature, je me tiens à votre disposition pour un entretien.

Veuillez croire, Madame, Monsieur à l'expression de mes salutations respectueuses.

Signature

LE CV

Nom, Prénom

....

Adresse

....

....

ATTACHÉE COMMERCIALE BANQUE/ASSURANCE

Domaines de compétence

- Accueillir, accrocher, conseiller un client.
- Présenter, conseiller et vendre des contrats de financements automobiles.
- Établir un plan de prospection.
- Gérer, fidéliser et développer un portefeuille clients sur un secteur géographique.
- Augmenter le chiffre d'affaires.
- Manager une équipe, planifier et gérer le stock.
- Établir un suivi commercial et administratif d'un client.
- Recouvrer des créances.
- Maîtrise de l'anglais oral et écrit commercial + conversation en italien.
- Informatique classique (traitement de textes, Internet).

Expérience professionnelle (10 années dans le commerce)

2001-2006	**Responsable de secteur :** Société XXXX Vente de matériels et de produits d'hygiène
2000	**Attachée commerciale :** Groupe XXXX
1998-2000	**Hôtesse pour congrès :** Palais des congrès de XXXX
1995-1998	**Conseiller commercial automobile :** Succursale XXX *Show room, véhicules neufs* Concession YYY *Véhicules neuf, occasions, utilitaires*

LE CV (*suite*)

Expérience professionnelle (suite)

1995 **Agent commercial/Négociatrice en billetterie :** Agence XXX, Barcelone

1994 **Assistante manager :** Société XXX – Londres

Formation

1996 **Diplôme de l'Institut féminin de la vente automobile – CCI**
Niveau III – Équivalence École Supérieure de Commerce

1994 **DEUGG LEA** Anglais/Espagnol, option commerce international

Renseignements complémentaires

33 ans, mariée, un enfant scolarisé.

Passionnée d'antiquités, pratique de la planche à voile et de la randonnée.

Questions à poser sur le CV

- Vous mentionnez dans votre CV les deux secteurs « Banque et Assurance », pourquoi le ciblage sur ces secteurs et vers lequel va votre préférence ?
- Êtes-vous toujours en poste ?
- Quelles sont les dates précises de vos différents emplois ?
- Quelles sont les raisons des choix et des départs pour les différents postes ?
- Pourquoi avoir choisi une formation en LEA – commerce international ?
- Avez-vous obtenu votre DEUG ?
- Pourquoi n'avez-vous pas continué ces études ?
- En quoi consiste la formation et le diplôme de l'Institut féminin de la vente ? Pourquoi est-ce un équivalent École de commerce ?
- Avez-vous le permis de conduire ? Et un moyen de locomotion ?
- Quelle est votre date de naissance ? 1973 : 74 ?

GRILLE DE PRÉSÉLECTION CHARGÉ(E) DE MISSION

Nom	+	–	?	*Commentaires*
La lettre de motivation				
Est-elle bien présentée ?	x			
Le style est-il cohérent avec le poste ?	x			Pas de motivations explicites
Est-elle ciblée sur l'offre d'emploi et l'entreprise ?	x			
Les motivations sont-elles cohérentes avec le poste ?			x	
La lettre démontre-t-elle un esprit de synthèse ?	x			
Le CV				
Est-il clairement présenté ?	x			
Est-ce que je peux reconstituer	x			
son parcours professionnel ?				
Les dates sont-elles précises et cohérentes ?		x		Cohérente mais pas précises
Ai-je une information minimale sur les postes tenus ?		x		Énoncé de compétences vagues mais ne pouvant être rapprochées des expériences
Est-ce que les noms des entreprises dans	x			
lesquelles la personne a été employée				
sont mentionnés ?				
Est-ce que je peux identifier			x	
sa situation actuelle ?				
A-t-elle plus de 26 ans ?	x			
A-t-elle un bac + 2	x			
A-t-elle une expérience de la vente debout ?	x			
A-t-elle un permis de conduire ?			x	
A-t-elle une expérience dans la vente de services ou de produits financiers ?		x		Il le semble pour la dernière expérience
A-t-elle un savoir-faire informatique ?	x			

Questions à poser sur la lettre

- Vous parlez de notre société, de ses spécialités, que connaissez-vous de notre entreprise ?
- Vous parlez d'« expériences réussies », quelles sont celles dans votre parcours que vous considérez comme réussies et pourquoi ?
- Vous dites « avoir le sens de l'objectif », que voulez-vous dire ?
- Vous dites que nous sommes « une équipe de professionnels gagnants », qu'entendez-vous par là ? Et comment le savez-vous ?
- Vous parlez de « la concurrence vive dans le secteur de l'assurance », que connaissez-vous de ce marché ?
- Vous citez vos « qualités de négociatrice avertie », comment le savez-vous ?
- Vous êtes « convaincue de l'intérêt que nous porterons à votre candidature », sur quoi se fonde votre conviction ?

Aspects à approfondir

- Le total du temps travaillé/total des années de vie professionnelle. Ce ratio ne pourra être calculé qu'après avoir obtenu les dates précises. En effet, soit elle a travaillé à peu près à temps plein sur les années mentionnées et il y a bien 10 années d'expérience professionnelle, soit les années sont sérieusement tronquées et la réalité de l'expérience professionnelle peut se trouver réduite de moitié !

L'expérience qui sera à approfondir au maximum lors de l'entretien est la dernière. (Cf. le chapitre entretien.)

CHAPITRE 5

L'entretien

> Cette phase cruciale du processus doit vous permettre de collecter sur chaque candidat présélectionné toutes les informations utiles, complémentaires et indispensables pour étayer votre choix définitif. En effet, vous devez pouvoir évaluer, de façon rigoureuse et précise, la correspondance entre les compétences et caractéristiques personnelles du candidat et celles définies dans le profil dressé initialement.

Un entretien de recrutement est une situation de communication. Il met en présence deux personnes dans le but de favoriser des échanges dont la finalité est une meilleure connaissance mutuelle devant permettre à chacun de prendre sa décision :

- le responsable qui recrute décidera d'embaucher ou de ne pas embaucher le postulant;
- le candidat décidera d'accepter ou de refuser le poste proposé.

Il est essentiel d'avoir toujours bien présent à l'esprit cette double problématique. Un entretien de recrutement doit offrir à chacun la possibilité de recueillir les informations nécessaires et suffisantes pour étayer sa décision.

C'est une situation stressante pour chacune des parties. Les deux interlocuteurs en présence engagent leur avenir. La qualité de la relation qui s'établit pendant l'entretien, la transparence des informations échangées et le niveau de communication sont les garants d'un recrutement de qualité.

Un recrutement est de qualité lorsque les deux parties sont gagnantes.

La personne qui recrute a trouvé le candidat en adéquation avec le poste, l'équipe et l'entreprise; la personne en recherche d'un emploi a trouvé un travail et un environnement qui correspondent à ses compétences et aspirations. Ce résultat s'appelle une stratégie gagnant/gagnant.

Quatre méthodologies de base régissent l'entretien de recrutement :

- une chronologie dans la progression : pour optimiser sa qualité et son efficacité un certain nombre d'étapes doivent s'enchaîner dans un ordre bien défini. Elles permettent de commencer, de faire progresser et de conclure ce type très particulier d'entretien;
- des techniques d'entretien s'appuyant sur deux compétences principales: savoir écouter et savoir poser des questions;
- un guide d'entretien, sorte de check-list comportant les questions clés qui seront posées à tous les candidats. Ce guide permettra d'obtenir la certitude que le candidat possède ou non les caractéristiques recherchées. Il permet de ne rien oublier d'essentiel. Il offre une structure qui rend les réponses des candidats comparables grâce à une évaluation réalisée sur des bases identiques.
- une capacité à savoir en permanence quel est l'objectif de la question et quelle est l'information recherchée sur le candidat.

Un type de recruteur que l'on rencontre fréquemment est celui qui possède pour tout bagage une lettre et un CV sur lesquels il a griffonné au crayon quelques points d'interrogation.

Il parle beaucoup car il a peur du vide et, rapidement, ne sait plus quelles questions poser.

Il « plonge » parfois dans la lettre et le CV en se demandant à quoi peut correspondre tel point d'interrogation apposé en bout de ligne.

Il trouve très bien un candidat qui acquiesce à tout ce qu'il dit et discute à bâtons rompus avec lui.

Pour terminer, lorsqu'il se retrouve seul après l'entretien, il prend conscience de n'avoir recueilli que peu d'informations consistantes sur lesquelles s'appuyer et il est alors très démuni pour prendre une décision.

La chronologie d'un entretien de recrutement

Un entretien de recrutement comporte sept étapes.

1
L'accueil du candidat
2
La recherche des informations complémentaires par rapport au CV et à la lettre de candidature
3
Les critères de motivation
4
La validation des compétences
5
La vérification des caractéristiques de personnalité
6
La présentation de l'entreprise et du poste
7
La conclusion de l'entretien.

Les différentes étapes de l'entretien de recrutement

Suivre ces étapes permet de progresser dans la découverte du candidat en allant du plus simple au plus complexe, de maîtriser le déroulement de l'entretien en sachant en permanence où l'on en est et où l'on va.

L'accueil du candidat

La qualité de cette étape conditionne celle de l'ensemble de l'entretien. Installez un climat de confiance qui sera propice à un échange ouvert et fructueux. Prenez le temps, avant d'aborder le cœur de l'entretien, d'établir le contact. Mettez la personne à l'aise (autant que faire se peut !). Ce type d'entretien demande beaucoup de concentration et vous devez également vous sentir à l'aise.

Je compare souvent cet entretien avec la métaphore du renard dans *Le Petit Prince* de Saint-Exupéry : « Je ne puis jouer avec toi, je ne suis pas apprivoisé. » C'est à vous d'établir d'emblée un climat de confiance et de créer un espace d'ouverture au dialogue.

Lorsqu'un recruteur et « son » candidat sont dans des conditions propices pour passer à l'étape suivante cela se remarque à leurs positions sur leurs sièges : soit l'un (et/ou l'autre) est assis en porte-à-faux et la phase de mise en confiance de départ n'est pas suffisante, soit les deux sont bien installés sur leurs sièges et les positions des corps sont en équilibre. Cette mise en confiance réalisée, vous pouvez passer à la phase suivante.

Cette phase d'accueil consiste à bien positionner et mettre en place le contexte de l'entretien. Elle implique de :

- vous présenter : identité, fonction, précision de votre rôle dans le processus de recrutement. Il est important que le candidat sache si vous êtes le décideur et si c'est avec vous qu'il travaillera en cas d'embauche;
- rappeler le titre de la fonction pour laquelle vous recrutez, mais ce n'est absolument pas le moment de décrire le poste;
- préciser l'activité de l'entreprise et donner quelques informations très générales (ce n'est pas non plus le moment de développer);
- resituer l'objectif de l'entretien. Il est important de rappeler au candidat que l'objectif de cette rencontre est double. Il doit vous permettre de mieux le connaître et d'analyser avec lui s'il est en adéquation avec le poste que vous avez à pourvoir. Il doit également lui donner la possibilité de déterminer si le poste et l'entreprise correspondent à ce qu'il recherche. Cela donne le ton quant à la teneur de l'entretien;
- indiquer la durée moyenne prévue pour l'entretien. Présentez au candidat le plan général qui sera suivi. Vérifier si cette durée est compatible avec ses contraintes. Cela donne au candidat une certaine visibilité sur ce qui l'attend et doit réduire son stress. Vous pouvez dire par exemple : *Notre entretien va durer environ une heure, une heure trente au maximum; à moins que nous découvrions plus rapidement que le poste ne vous convient pas. Nous allons aborder tout d'abord votre parcours professionnel, puis nous examinerons les compétences nécessaires pour tenir ce poste ainsi que certains aspects*

essentiels sur vos objectifs et vos attentes. Ensuite, je vous présenterai le détail de la fonction. Pour terminer nous ferons le point sur votre candidature.

Et… faire rire ou sourire le candidat, au moins une fois, pendant cette phase, cela reste le meilleur « décontractant » possible.

La recherche des informations complémentaires par rapport au CV et à la lettre de candidature

Reprenez le cheminement par lequel la candidature vous est parvenue est un bon moyen pour faire la transition et passer à l'étape suivante. Donnez au candidat quelques informations sur les raisons qui vous ont amené à le sélectionner et à aller plus loin avec lui dans ce processus de recrutement. Cette phase comporte deux volets : les études et le parcours professionnel. Selon les candidats, leur âge, leur expérience, il sera utile ou non d'approfondir les études suivies.

Cette étape peut s'aborder de deux façons différentes selon le poste à pourvoir.

Si le poste demande des qualités d'expression orale, il sera pertinent de commencer cette phase par une question large en demandant au candidat de vous dresser le panorama de ses études et de son parcours professionnel. Cet exposé vous permettra de vérifier tout de suite ses capacités d'expression et son niveau par rapport à vos exigences. C'est notamment le cas pour des fonctions commerciales, à forte connotation relationnelle, et dès que l'on atteint un certain stade dans la hiérarchie.

Lorsque le poste est plus technique et moins relationnel, il sera alors plus pertinent de poser au candidat des questions précises sur son curriculum vitæ afin d'obtenir des précisions sur les postes qu'il a tenus, et de reprendre toutes les questions que vous avez notées lors de l'élaboration de la grille de présélection.

L'approfondissement du cursus de formation passe par quelques questions essentielles dont l'objectif est de comprendre le rôle de celui-ci dans sa vie professionnelle. Les principales questions que l'on peut poser sont :

- *Pourquoi a-t-il choisi… ? (voir études dans le CV)*
- *Quels diplômes a-t-il obtenu ? Quand ? Comment ?*

- *Qu'est-ce qui l'a le plus intéressé ? Pourquoi ?*
- *Qu'est-ce qui l'a le moins intéressé ? Pourquoi ?*
- *Comment a-t-il mis en œuvre, dans sa vie professionnelle, les connaissances acquises ?*
- *Quelles autres études aurait-il aimé suivre ? Pourquoi ?*

Dans tous les cas, vous devez connaître avec le plus de précision possible le contenu des postes occupés par cette personne, ce qu'elle a réellement et concrètement fait et les motifs de ses départs. Reprenez chaque poste (ou stage s'il s'agit de quelqu'un de jeune) occupé par la personne et demandez-lui ce qu'elle a fait concrètement jusqu'à ce que vous ayez une vision précise de son parcours professionnel et des compétences mises en œuvre. Si les postes sont trop nombreux, sélectionnez les derniers en date ou ceux qui vous semblent le plus en rapport avec celui que vous proposez.

Les questions à poser lors de cette deuxième phase sont — le niveau des questions étant à ajuster en fonction du niveau du poste et de la personne — des questions ouvertes neutres (voir *infra*) et ce sur tous les postes significatifs :

- *Pourquoi a-t-il choisi cette entreprise ?*
- *Pourquoi a-t-il postulé pour cette fonction ?*
- *Comment a-t-il obtenu le poste ?*
- *Quelles sont les dates de prise de fonction et de départ ?*
- *Quelles étaient ses principales activités ou responsabilités ?*
- *Comment les réalisait-il concrètement ?*
- *Quelles sont celles qu'il préférait ? Pourquoi ?*
- *Quelles sont celles qu'il aimait le moins ? Pourquoi ?*
- *Quels résultats avait-il obtenus ?*
- *Quel était son environnement de travail ?*
- *Comment fonctionnait-il avec sa hiérarchie ? Avec ses collègues ?*
- *Quels sont les motifs de départ ?*

Il s'avère également intéressant de demander, pour les derniers emplois occupés, les noms et les coordonnées des personnes que vous pouvez éventuellement contacter. À ce sujet, vous allez vous trouver face à plusieurs comportements. Habituellement, le candidat vous les donnera sans hésiter, tout naturellement. Dans certains cas vous percevrez des résistances ; il s'agit alors de creuser le pourquoi de ces réticences.

Lorsque vous aurez obtenu cette vision claire du parcours professionnel du candidat, du contenu des emplois occupés, vous pourrez décider si effectivement ce parcours est cohérent avec le profil de la personne que vous recherchez.

Si tel est le cas, vous pouvez alors entreprendre l'étape suivante.

Si tel n'est pas le cas, expliquez à la personne en vous appuyant sur la base de votre profil de poste et d'après les données objectives que vous avez collectées pourquoi elle ne correspond pas à vos attentes. Cela n'est pas facile, mais il est préférable d'arrêter un entretien et d'expliquer au candidat pourquoi vous l'écourtez plutôt que de poursuivre, en bâclant la suite. D'une part vous perdriez votre temps, et d'autre part le candidat aura la sensation dévalorisante qu'il ne vous a pas plu et que vous avez expédié volontairement l'entretien.

Il est intéressant, à l'issue de cette deuxième étape, de demander au candidat quelles sont les autres offres d'emploi pour lesquelles il a déjà présenté sa candidature et pourquoi il se présente pour le poste que vous proposez.

Cela vous donne une indication sur le ciblage qu'il opère, s'il centre sa recherche sur certaines fonctions ou secteurs d'activité, et quelques indications sur ses motivations.

Les critères de motivation

Le but de cette phase est de connaître précisément ce qui motive le candidat, la nature de son investissement dans la vie professionnelle et d'en vérifier la cohérence avec la fonction et l'entreprise.

Les critères de motivation sont les besoins qu'une personne, plus ou moins consciemment, cherche à satisfaire dans sa vie professionnelle. Ce sont les valeurs importantes pour elle. Ces critères sous-tendent sa motivation et déterminent ses actes et ses jugements. C'est « le petit vélo qui nous fait tourner ».

Un collaborateur fonctionnera bien dans une entreprise, une équipe, un poste de travail dans lesquels il retrouvera ses critères, il s'y sentira reconnu et aura la sensation de pouvoir s'exprimer. Il remplira efficacement une fonction dans laquelle ses attentes deviendront réalité.

Comment connaître les critères de motivation d'un individu ? Simplement en posant la question suivante : *Que recherchez-vous dans le travail ?*

Si les réponses obtenues sont insuffisantes, vous pouvez rebondir en demandant : *Qu'est-ce qui est important pour vous dans votre vie professionnelle ?*

Avant d'aller plus loin, prenez un papier et répondez, pour vous-même, à cette question essentielle; cela vous aidera ultérieurement dans vos recrutements.

Les réponses à cette question vous étonneront par leur diversité. En voici quelques exemples :

a) « Je recherche un travail dans lequel je puisse m'épanouir mais aussi des responsabilités, une bonne ambiance et de la diversité. »

b) « Je recherche un travail à proximité de chez moi, une bonne ambiance et que l'on me donne la possibilité de bien faire mon travail. »

c) « Je recherche la nouveauté, la diversité, de l'autonomie, des contacts. Je souhaite continuer à apprendre, à évoluer et à être utile. »

d) « Je recherche des responsabilités, des challenges, la réussite, être reconnu et gagner de l'argent. »

e) « Je recherche le plaisir, à savoir un travail d'ordre intellectuel avec notamment une composante prospective. Je veux travailler sur des matières, sur des sujets qui m'intéressent et avoir des contacts positifs et enrichissants. »

f) « Être utile, apporter quelque chose aux autres au travers d'un travail qui me passionne et me permette d'apprendre. »

g) « Les contacts et un travail diversifié m'intéressent en priorité mais je souhaite également me réaliser dans mon travail et être reconnue. »

Ces exemples montrent la diversité des critères de motivation et les différences fondamentales des systèmes de motivation pouvant être rencontrés d'une personne à une autre. Ils font que chaque individu, ne serait-ce que sur ce seul élément de sa personnalité, est unique.

Pour mieux comprendre et assimiler cette phase nous allons jouer à « qui est qui ? ». Les sept personnes dont les réponses ont été citées ci-dessus ont des métiers différents. Essayez d'affecter à chaque profession mentionnée ci-après la réponse la plus adaptée : formateur, chargé(e) de mission (commercial), éducateur spécialisé, assistant(e) juridique, téléhôtesse, responsable de formation dans une grande entreprise, puéricultrice[1].

Lorsque vous avez obtenu la réponse à la question « Que recherchez-vous dans le travail ? », pour l'exploiter valablement vous avez à la soumettre au crible d'un certain nombre de questions.

1. *Cette personne a-t-elle une structure de critères riche ou pauvre ? Les critères de motivation traduisent-ils un degré d'investissement dans le travail cohérent avec l'investissement recherché ? Entre les exemples de réponse a et b donnés ci-dessus, il est bien évident que le premier est bien plus riche que le deuxième. Toutefois, une vigilance particulière est à observer avec les personnes qui ont trop de critères (plus de sept ou huit). Vous risquez de compléter votre équipe avec un perpétuel insatisfait.*
2. *Les critères énumérés sont-ils cohérents avec le poste proposé ? Y a-t-il des critères incompatibles ?*

Certains critères ne trouveront jamais d'écho favorable dans le poste que vous proposez. Il faut donc les analyser un par un et vérifier leur compatibilité avec la mission à remplir. Par exemple l'autonomie, la liberté sont-ils compatibles avec le poste de téléhôtesse ? Est-il cohérent que, dans les critères évoqués, les « autres », les contacts humains ne soient pas mentionnés par celle ou celui qui recherche une activité commerciale ? Une personne peut-elle assumer une fonction hiérarchique si le goût des responsabilités ne figure pas dans ses motivations ?

Un grand nombre de démotivations inexpliquées sont constatées par des hiérarchiques qui disent : « Je ne comprends pas, tout allait très bien, et d'un seul coup son comportement a changé ! » Très souvent, nous avons pu établir une relation entre la démotivation, la perte d'intérêt pour le travail qui se manifestait et le fait que des critères de motivation n'avaient pu trouver à s'épanouir. Au début, la personne, contente de son nouveau travail, fonctionne sur les critères qui trouvent motifs à satisfaction. Puis au fil du temps les autres, jusque-là refoulés, resurgissent et l'insatisfaction prend le dessus. Prenons l'exemple d'une téléhôtesse

1. Réponses : a) assistant(e) juridique; b) puéricultrice; c) formateur; d) chargé(e) de mission; e) responsable de formation; f) éducateur spécialisé; g) téléhôtesse.

qui aurait besoin d'autonomie ; au bout d'un certain temps elle supportera mal de rester assise à son poste. Elle commencera par arriver en retard puis à vouloir apporter des changements dans les procédures. Enfin, elle contestera la compétence de sa hiérarchie… et, bien évidemment, la qualité de son travail s'en ressentira.

3. *Un ou plusieurs critères du candidat sont-ils identiques ou proches des miens ?*

Les critères de motivation sont source de cohésion pour un tandem ou une équipe de travail. Ils créent des liens inconscients puisque les besoins sont proches.

Ainsi, vous fonctionnerez mieux avec une personne dont un ou plusieurs critères sont identiques aux vôtres. C'est pourquoi je vous ai proposé de répondre à la question « Que recherchez-vous dans un travail ? » en tout début de chapitre, avant que vous ne soyez « pollué » par les explications.

4. *Les critères de motivation cités par la personne sont-ils effectivement les siens ou bien les a-t-elle « achetés » dans divers stages ou livres lors d'une préparation aux entretiens d'embauche ?*

Vous pouvez apporter une première réponse à cette question en analysant l'aspect personnalisé ou au contraire standardisé, voire à la mode, des réponses. Par ailleurs, vous pouvez les vérifier à partir d'un ou deux critères pris séparément en demandant au candidat : *Racontez-moi une expérience dans laquelle vous avez pu… ?* (Reprendre très exactement le mot utilisé par la personne.) Par exemple : *Racontez une expérience au cours de laquelle vous avez pris des responsabilités* ou *Parlez-moi d'une expérience où vous avez ressenti la satisfaction d'un travail bien fait.* Il est important de reprendre précisément les mots utilisés par le candidat sinon il ne se reconnaîtra pas dans la question et la réponse n'aura plus la même valeur. Si le critère est bien réel et bien ancré, le candidat aura toujours une ou des expériences vécues qui y seront associées et pourra les raconter et les développer aisément. En revanche, si ce n'est pas son propre critère de motivation, il aura du mal à trouver une expérience à y associer car ce critère n'entre pas dans sa réalité, n'est pas partie intégrante de sa personnalité.

Exemple : un jeune candidat recherche son premier emploi et dit avoir parmi ses critères de motivation le désir d'avoir des responsabilités. Si tel est le cas, il en trouvera toujours une illustration soit dans une activité scolaire, soit dans un job d'été ou au cours d'un stage. La responsabilité ne sera peut-être pas de haut niveau, mais elle sera présente dans son expérience. En revanche, un autre jeune candidat qui s'est approprié le critère « responsabilité » parce que cela fait bien dans le paysage sera incapable de trouver une expérience dans son vécu et vous répondra qu'il n'en a pas encore eu la possibilité !

Ainsi cette question, simple en apparence, est extrêmement riche d'enseignements à condition d'être bien exploitée. C'est pourquoi nous la positionnons très tôt dans l'entretien.

La validation des compétences

Le profil du poste tel que vous l'avez défini comporte un certain nombre de connaissances et/ou compétences. Ce travail préalable a été réalisé avec la plus grande rigueur. Aussi, ne vous contentez pas d'approximations dans la vérification de celles-ci car vous risquez de belles déceptions. Chaque compétence jugée indispensable doit être vérifiée lors du recrutement. Cette vérification est placée en quatrième position de l'entretien, suffisamment tôt pour ne pas poursuivre inutilement celui-ci si le candidat n'a pas les compétences requises.

Vous pouvez faire la transition dans le déroulement de l'entretien en expliquant au candidat que certaines compétences sont essentielles pour tenir le poste et à ce point de l'entretien, il devient important de vérifier si, effectivement, le niveau de compétence recherché est atteint.

La meilleure méthode pour vérifier l'existence d'une compétence est de mettre le candidat à l'épreuve. Ces épreuves doivent être prévues et préparées avant de recevoir les candidats de façon à pouvoir s'assurer, sans doute possible, de l'existence des compétences nécessaires et indispensables.

Pendant que le candidat réalise les épreuves que vous lui infligez, il est intéressant, lorsque cela est possible, de rester dans la même pièce afin de l'observer. Vous pouvez en profiter pour lui demander ses diplômes et certificats de travail et les comparer avec les données mentionnées dans le CV

Ces épreuves peuvent consister en des questions techniques et/ou mises en situation. Le poste d'assistant(e) juridique, par exemple, fera appel à des questions précises sur le droit des sociétés, mais également à des épreuves pratiques comme la réalisation d'un document sur Word.

Selon la durée des mises en situation, le contexte, votre aisance à interrompre l'entretien et à le reprendre ensuite, vous choisirez soit de positionner les épreuves en fin d'entretien, après avoir abordé l'ensemble des étapes, soit de les intégrer au cours de l'entretien.

La vérification des caractéristiques de personnalité

Parvenir à déterminer si le candidat possède les savoir-être tels que définis dans le profil de poste est primordial, mais moins aisé que la vérification des compétences.

Dans un entretien de recrutement, il est impossible de capter toutes les informations disponibles, car nous avons nos propres filtres et des baisses de concentration. L'important n'est pas de tout capter ni de tout comprendre, nous ne sommes pas des surhommes ni des superwomen. Même les recruteurs professionnels n'ont pas cette capacité. L'important est d'être certain de la qualité et de la fiabilité de l'information collectée.

La technique consiste à savoir, lorsqu'on pose une question, quel est son objectif, c'est-à-dire quelle information précise l'on recherche sur la personnalité du candidat. Il s'agit dès lors de poser des questions toujours axées sur l'expérience professionnelle. Elles permettront, après avoir entendu la réponse du candidat, de déterminer son degré de possession de ce savoir-être.

Vous allez par conséquent préparer un guide de questions qui a pour objectif de faire émerger dans les réponses des candidats des caractéristiques de personnalité par l'observation des comportements décrits dans les réponses. Nous aborderons ces techniques dans les chapitres suivants.

À ce stade de l'entretien, vous n'avez posé au candidat aucune question sur sa vie privée, puisque la loi l'interdit, hormis sur les aspects qui ont un lien direct avec l'emploi proposé. Nous nous trouvons face à deux possibilités. La première, le candidat a parlé spontanément de sa situation de famille, de ses loisirs et activités extra-professionnelles, vous avez donc une représentation de son contexte personnel et, dans la mesure où il l'a lui-même abordé, les discussions sont ouvertes. Seconde possibilité, le candidat n'a pas abordé les aspects plus privés de sa vie. Cela est rare. Vous pouvez alors poser une question ouverte neutre de type : *Et vous, qui êtes-vous ?* Vous créez ainsi un espace d'échange au-delà du professionnel. Vous pourrez également profiter de la phase suivante de présentation de l'entreprise et du poste, lorsque vous abordez vos attentes plus qualitatives dans la relation professionnelle, pour glisser quelques éléments sur votre vie privée, cela donnera le ton. Enfin, si malgré tout cela, aucune information ne vous est donnée par le candidat, vous pouvez lui faire part de votre surprise quant à son silence sur les aspects extra-professionnels de sa vie. Nous n'avons bien sûr pas besoin d'une investigation approfondie de la vie privée. Toutefois des informations sur quelques aspects essentiels de celle-ci sont un éclairage intéressant sur un candidat.

Concernant les questions sur la vie privée qu'il est possible de poser, en raison du lien direct avec l'emploi, les choses ne sont pas faciles à démêler. Soyez bien clair sur ce qui pourrait influencer ses aptitudes à tenir le poste proposé.

La présentation de l'entreprise et du poste

Vous devez maintenant présenter au candidat, de façon succincte mais complète, votre entreprise, le poste à pourvoir et son environnement. Pour prendre sa décision il a besoin d'être en possession d'un ensemble d'informations afin de pouvoir déterminer si le poste offert correspond à ses aspirations.

Il est évident que la présentation d'une entreprise de taille nationale, d'une PME, d'une petite structure de quelques personnes ou de celle qui recrute son premier et unique collaborateur ne sera pas de même nature. Il est utile de préparer un canevas et de sélectionner les informations essentielles à communiquer au candidat, pour qu'il puisse comprendre le système dans lequel s'inscrit le poste proposé et le contenu de celui-ci.

De façon générale, sept points clés structurent la présentation de l'entreprise, du poste et de son environnement :

1. le rappel de l'activité de l'entreprise, sa date de création, sa taille, son positionnement sur le marché si cela est pertinent, son implication éventuelle dans d'autres sociétés, les grandes lignes de son organisation;
2. votre position et votre rôle dans la structure, en décrivant le cas échéant votre service;

3. la raison du recrutement envisagé (création, remplacement...);
4. le contenu du poste, pour cela il suffit de reprendre la description de poste élaborée au début du processus de recrutement;
5. vos attentes, sur un plan plus qualitatif, sur la relation que vous souhaitez établir avec la personne avec laquelle vous allez travailler;
6. les contraintes liées aux spécificités du poste mentionnées dans le profil : certaines sont à présenter et il suffit de vérifier si la personne est prête à les accepter (par exemple, le port d'une tenue de travail). D'autres méritent une vérification plus fine car elles relèvent d'éléments constitutifs de la personnalité : par exemple, la ponctualité ou la capacité à faire des heures supplémentaires. D'autres encore, relèvent du contrat de travail; il s'agit de clauses particulières telles la mobilité ou la non-concurrence;
7. la rémunération de départ et, le cas échéant, les possibilités d'évolution.

Il est très intéressant et indispensable, après la présentation du poste, de demander à la personne ce qu'elle a retenu et compris de votre présentation, comment elle perçoit une collaboration éventuelle. Cette précaution permet de vérifier si elle en a bien assimilé l'essentiel, de connaître sur quels éléments elle met l'accent et si cette perception est en adéquation avec la vôtre.

La rémunération est un moment délicat de l'entretien. Il est indispensable d'être extrêmement clair sur ce point afin d'éviter les déceptions ultérieures lors du premier bulletin de paye. Selon le niveau du poste, il vaudra mieux parler en appointements annuels bruts ou en salaire mensuel brut et net ainsi que des primes et avantages divers, pour qu'il n'y ait aucune ambiguïté. Il faut également vérifier la cohérence de la rémunération proposée avec les revenus antérieurs et les souhaits du candidat.

Il est très important de terminer cette étape de l'entretien en invitant le candidat à poser les questions qui lui viennent à l'esprit. Cela lui redonnera, en fin d'entretien, un espace d'expression que vous allez pouvoir observer lorsque la tension commence à se relâcher. La teneur de ses questions est également révélatrice des sujets qui retiennent son attention et de sa motivation.

Vous pouvez encore approfondir votre analyse en posant au candidat des questions complémentaires : *Quels sont ses atouts pour la fonction proposée ? Quels sont ses points faibles ? Que pense-t-il pouvoir apporter à l'entreprise ?*

Il est, à cette étape, essentiel de demander au candidat de se positionner et de vérifier que le poste l'intéresse vraiment. Cela vous évitera quelques surprises ultérieures du type : téléphoner à un candidat pour lui annoncer que c'est lui que vous choisissez et vous entendre répondre qu'à son grand regret, et après avoir bien réfléchi, cela ne l'intéresse pas. Il est remarquable de constater le nombre de personnes qui recrutent et qui ne pensent pas à faire cette vérification. Il leur semble évident que le poste proposé ne peut qu'intéresser une personne en recherche d'emploi.

La conclusion de l'entretien

Toutes les phases de l'entretien ont été franchies, il est temps de se séparer du candidat et de conclure. Le mot conclusion a deux acceptions *clore, terminer* et *réaliser complètement.* Savoir conclure implique :

– de faire une courte synthèse des points importants recueillis au cours de l'entretien sur la personne, ses motivations et son intérêt pour le poste; ainsi que des réserves que vous faites sur certaines lacunes ou aptitudes;

– demander au candidat s'il désire aborder d'autres aspects qui lui semblent importants pour étayer sa candidature;

– remercier le candidat, si cela est approprié, de la qualité de l'entretien que vous avez eu ensemble;

– informer le candidat sur le déroulement des étapes suivantes et sur leurs échéances. Trois raisons principales à cela : la première est qu'il ne faut pas que le candidat se lasse d'attendre une réponse hypothétique qui ne vient pas, la deuxième qu'il n'accepte pas un autre poste l'intéressant moins mais pour lequel il a reçu une réponse positive et, enfin, la troisième qu'il ne vous dérange pas par des appels téléphoniques fréquents et importuns. Il convient donc d'informer le candidat du délai à l'issue duquel il aura une réponse.

L'entretien est terminé. Le candidat est parti. Il vous faut immédiatement procéder à l'analyse de l'entretien car vous avez beaucoup d'informations en tête et vos notes « fraîches » sont encore lisibles et compréhensibles.

La législation relative aux entretiens de recrutement

Le législateur a posé un cadre strict à l'entretien de recrutement sous forme d'obligations et d'interdictions :

- Information préalable du candidat : les candidats doivent être informés, dès le début du processus de recrutement, des aides au recrutement qui seront utilisées : tests, analyse graphologique...
- Principe de non-atteinte à la vie extra-professionnelle et de non discrimination : afin que les informations demandées aux candidats ne portent pas atteinte à leur vie extra-professionnelle, elles ne peuvent avoir comme finalité que d'apprécier leur capacité à occuper l'emploi proposé ou leurs aptitudes professionnelles et doivent présenter un lien direct et nécessaire avec celui-ci (art. 121-6).

Aucune question portant sur la vie privée du candidat ne peut être posée (sauf si l'on peut clairement démontrer le lien avec l'emploi), ni aucune question portant sur des pratiques discriminatoires.

Ainsi, à titre d'exemple, il ne peut être demandé aux candidats des renseignements sur son état de santé, sa vie sexuelle, son logement, sur la profession des parents ou du conjoint, sur leur religion, leurs opinions politiques ou syndicales, les coordonnées de connaissances non professionnelles ou encore sur ses loisirs.

Ces obligations et interdictions sont également applicables aux questionnaires d'embauche.

Savoir écouter

« Toute personne est un livre ouvert,
il suffit de savoir lire ! »

L'écoute, dans un entretien de recrutement, est la clé qui permet de découvrir le candidat qui se trouve en face de soi. Elle doit se centrer non seulement sur le contenu du récit de son interlocuteur, mais également à un autre niveau qui consiste à aller au-delà de son discours, à décrypter dans les comportements décrits ce que la personne démontre sur sa façon d'être.

La question essentielle à se poser en permanence lorsqu'on écoute un candidat est : *Qu'est-il en train de démontrer ?* En effet, ce sont les comportements qui sont les révélateurs de sa personnalité et non les paroles. « Il faut se méfier des mots. »

Pour pratiquer cette écoute, il est indispensable de distinguer différentes catégories d'informations et de savoir comment les utiliser.

Distinguer faits, opinions et sentiments

Cette distinction est fondamentale pour maintenir un entretien de recrutement dans la plus grande objectivité.

Mais qu'est-ce que l'objectivité ? C'est « la qualité de ce qui est conforme à la réalité, de ce qui est décrit avec exactitude ».

Dominer un entretien de recrutement, c'est rester dans l'objectivité et ne pas se laisser piéger par la subjectivité. La subjectivité est « ce qui est individuel et susceptible de varier en fonction de la personnalité de chacun ».

Exemple : Le récit d'un dîner chez des amis

Voici les propos échangés dans une voiture sur le chemin du retour entre Madame Objectivité et Monsieur Subjectivité. Madame Objectivité racontera : « Nous sommes passés à table à vingt-deux heures et avons mangé du homard et des tagliatelles carbonara; les échanges ont porté sur la politique internationale de la France, les prochaines élections et sur le cinéma italien. Le dîner s'est terminé à deux heures du matin. »

Monsieur Subjectivité dira : « L'apéritif a traîné un peu en longueur, nous sommes passés à table très tard; les discussions ont été passionnantes, le repas absolument délicieux et j'ai regretté que la soirée se termine aussi rapidement. »

Mais dans une autre voiture, simultanément, Monsieur Objectivité exposera : « L'apéritif a duré jusqu'à vingt-deux heures, moment où nous sommes passés à table, nous avons mangé du homard et des tagliatelles carbonara; les discussions ont porté sur la politique internationale de la France, les élections à venir et sur le cinéma italien. Le dîner s'est terminé à deux heures du matin. »

Et Madame Subjectivité déclarera : « Cette soirée a été mortelle, heureusement l'apéritif a été sympa et j'ai pu discuter avec plusieurs personnes très intéressantes, dommage il était trop court; le dîner était médiocre, les tagliatelles trop cuites et les discussions n'ont porté que sur des sujets politiques qui n'avaient rien de passionnant. »

> Vous avez noté la cohérence des *propos objectifs* et la diversité des *réflexions subjectives* en fonction du ressenti individuel, on peut même se demander s'il ont participé à la même soirée.

La base, la qualité et l'efficacité de vos entretiens de recrutement va consister à coller à la réalité de ce qui s'est réellement passé dans la vie professionnelle du candidat que vous avez en face de vous.

Dans les informations apportées par un candidat, il est possible de différencier trois grandes catégories : les faits, les opinions et les sentiments.

Un *fait*, du latin *factum*, est « l'action de faire » ; c'est « une action, un acte, un événement » ; « c'est ce qui existe, une réalité », explique le Petit Larousse. Ainsi, un fait est ce qui s'est réellement passé, ce qui est objectivable et vérifiable. Les faits sont les seules bases solides sur lesquelles s'appuyer pour approcher la réalité. Ils sont vérifiables et impartiaux.

Une opinion est « un avis, un jugement émis sur un sujet », c'est ce que l'on pense au sujet de quelqu'un ou de quelque chose. Une opinion n'a aucune objectivité.

Un sentiment est « un état affectif, une sensation, une impression ». Le sentiment relève de la sphère émotionnelle. Il n'a, lui non plus, aucune objectivité.

Aussi est-il important dans un entretien de recrutement de savoir distinguer ces trois grandes catégories d'informations.

Les faits vous permettront d'apprendre ce qui s'est réellement passé dans l'expérience du candidat. Ils vous permettront d'en tirer des enseignements sur la façon dont il agit et fonctionne dans une situation donnée. Les opinions vous aideront à savoir ce qu'il pense au sujet de… mais qu'en est-il réellement de ses aptitudes dans la réalité de tous les jours. Nous connaissons tous des managers pouvant exposer de façon très brillante les bienfaits, les mérites, le rôle essentiel de la délégation dans le management des collaborateurs et être incapable eux-mêmes de déléguer.

Quant aux *sentiments*, ils vous apporteront des informations tout aussi subjectives que les opinions. Reprenons notre soirée, une personne essentiellement centrée sur les sentiments dira : « J'ai passé une soirée absolument fabuleuse, les gens étaient d'une gentillesse extrême, l'atmosphère était chaleureuse, je me sentais en confiance. » Ou encore : « Quelle soirée détestable, je ne supporte pas ces gens snobs, cela me met mal à l'aise, je suis triste d'entendre autant d'intolérance s'exprimer. »

Ainsi, il est important dans un entretien de recrutement de savoir distinguer ces catégories d'informations afin d'être à même d'asseoir votre objectivité. C'est par l'analyse des comportements et des actions, par la connaissance et la compréhension des actes réels que vous allez savoir qui est cette personne, et comment elle fonctionne.

Je vous propose un exercice pour vous entraîner.

Exercice 1 : Déterminez pour chaque affirmation s'il s'agit d'un fait, d'une opinion ou d'un sentiment

	Fait	Opinion	Sentiment
1. La vie est belle.			
2. Judith est toujours en retard.			
3. Le café est prêt.			
4. J'ai beaucoup appris dans ce travail.			
5. J'ai de nombreux absents dans mon équipe.			
6. La plupart des clients sont sympas.			
7. Léa est arrivée trois fois en retard cette semaine.			
8. Je suis heureuse de travailler avec vous.			
9. Je serai trois jours en stage la semaine prochaine.			
10. Je vais encore en stage la semaine prochaine.			
11. Il fait un temps superbe.			
12. Ma mission consistait à tenir la comptabilité fournisseurs.			
13. Je suis très triste de ne pas avoir pu mener à bien cette mission.			

14. Je me suis mal entendu avec mon hiérarchique.			
15. J'ai envoyé beaucoup de candidatures.			
16. J'ai postulé auprès de quinze entreprises.			
17. Le poste que vous proposez m'intéresse.			
18. La fin justifie les moyens.			
19. Je suis très bon en négociation.			
20. Je travaille beaucoup.			
21. Je travaille soixante-cinq heures par semaine.			
22. J'aime vendre.			
23. Dans mon précédent emploi, j'ai concrétisé une vente sur trois prospects.			
24. J'en ai marre de faire le boulot des autres.			
25. Je suis fatigué.			
26. Je n'en peux plus de recevoir des réponses négatives.			
26. Ce travail m'a beaucoup plu.			
27. Il faut faire confiance à ses collaborateurs.			
28. J'ai fait un bon chiffre la semaine dernière.			
29. J'ai signé trois contrats et réalisé 1 500 euros de chiffre d'affaires la semaine dernière.			
30. Je suis vraiment heureux de mes performances de la semaine dernière.			
31. Je suis nul en comptabilité.			
32. Je ne sais pas tenir une comptabilité.			
33. Dans cette fonction, le téléphone me prenait trois heures par jour.			

34. Je faisais les commandes de fournitures de bureau.			
35. J'ai quitté ce poste parce qu'on a changé mes horaires de travail.			

Voir solutions en fin d'ouvrage

Comment utiliser les faits et les opinions

Les faits permettent de savoir ce qui s'est réellement passé. C'est à partir de la description de l'action concrète effectuée par la personne que l'on décodera comment elle fonctionne. C'est pourquoi toutes les questions, visant à vérifier si le candidat a ou n'a pas les compétences et les caractéristiques de personnalité mentionnées dans le profil du poste, devront amener le candidat à répondre par un récit, une description de ses expériences.

Les opinions permettent d'apprendre ce qu'une personne pense au sujet de... Elles ne sont pas négligeables, mais n'apportent pas la même information. Elles ont leur importance pour déterminer si les opinions, les valeurs, les croyances émises sont en accord avec celles de l'entreprise.

Prenons quelques exemples.

☞ **Thème 1 : La délégation pour un dirigeant d'un organisme de formation**

JEAN DURAND :

***Question sur les opinions* : « Que pensez-vous de la délégation ? »**

« Un responsable ne peut tout faire lui-même. Il faut déléguer, c'est-à-dire qu'il faut définir pour chaque collaborateur direct ses zones de responsabilité et les limites de la délégation. Il est indispensable de donner toute la formation et l'information nécessaires et de contrôler, bien-sûr ! »

***Question sur les faits :* « Qu'avez-vous délégué à votre assistante ? »**

« Je déléguais beaucoup de choses : tout le suivi des inscriptions depuis le moment où l'inscription arrive au courrier jusqu'à la convocation et la facturation; les relances pour retards de règlement; les accords pour les stagiaires qui demandaient un étalement de leurs paiements dans la mesure où celui-ci restait dans le cadre de l'exercice fiscal; le règlement des intervenants et des fournisseurs; le suivi du planning des annonces presse que nous avions décidé en début d'année; les remises en banque... »

SYLVIE LEGRAND :

***Question sur les opinions :* « Que pensez-vous de la délégation ? »**

« La délégation est un acte de management essentiel car il permet de valoriser ses collaborateurs. Si l'on veut que les gens soient responsabilisés, il est impératif de déléguer. Je crois qu'on ne peut avoir de collaborateurs motivés si on ne délègue pas un maximum de choses. Il faut faire confiance ! »

Question sur les faits : « Qu'avez-vous délégué à votre assistante ? »

« La formation est un métier où il n'est pas si facile de déléguer car les erreurs peuvent nous faire perdre des stagiaires ou nuire à notre image. Toutefois je déléguais complètement à ma secrétaire les convocations aux stages. Pour le reste il était important que je les vois avant que ça ne parte. Je lui déléguais également la préparation des factures… et le café ! »

Au niveau des opinions, il est clair que les deux personnes qui s'expriment ont un discours politiquement correct sur la délégation. En revanche, il est évident que la première a réellement la capacité à déléguer, ce qui n'est pas le cas de la seconde. Cet exemple est un peu caricatural bien sûr; dans la réalité les personnes s'expriment davantage et vous pouvez poser des questions complémentaires pour asseoir votre évaluation. Dans le deuxième exemple, il aurait été intéressant de poser au moins trois questions : *Est-ce elle qui avait recruté son assistante ? Depuis combien de temps celle-ci occupait-elle le poste ? Considérait-elle qu'elle faisait bien son travail et qu'elle pouvait lui faire confiance ?*

☞ **Thème 2 : L'esprit d'équipe pour un collaborateur dans un cabinet d'avocats**

Marc Dupré :

Question sur les opinions : « Que pensez-vous du travail en équipe ? »

« L'entraide est essentielle dans nos métiers tant sur le plan technique que sur les aspects matériels. On ne peut pas ne pas travailler avec les autres, dans de petites équipes comme les nôtres. »

Question sur les faits : « Comment fonctionnez-vous avec les autres ? »

« Nous ne fonctionnons pas réellement ensemble. Nous avons tous énormément de travail. Alors la priorité est d'assumer notre part de boulot. C'est dommage ! Mais souvent nous nous retrouvons pour le café, cela nous permet d'échanger. »

Diane Grangier :

Question sur les opinions : « Que pensez-vous du travail en équipe ? »

« Le travail en équipe est fondamental dans notre métier. Il faut assumer « les coups de bourre ». Quand il y a un *closing* pour l'un d'entre nous il faut donner un maximum de notre temps sans pénaliser nos priorités. »

Question sur les faits : **« Comment fonctionnez-vous avec les autres ? »**

« Il y a une bonne ambiance. Nous prenons le café ensemble tous les matins et c'est un moment important. Nous avons chacun nos avocats et nos dossiers mais nous nous aidons beaucoup. Quand l'un d'entre nous croule sous le boulot, nous faisons tous ses petits travaux annexes comme la relecture ou les photocopies. »

Entraînez-vous à ce type d'écoute aussi souvent que possible, par exemple lors de réunions auxquelles vous participez, au cours de dîners avec des amis, lors d'entretiens avec vos collaborateurs. Ainsi, vous allez découvrir des quantités de choses passées inaperçues jusque-là chez les autres et vous serez parfaitement rodé pour vos recrutements. De surcroît, cette distinction entre faits, opinions et sentiments vous sera très utile dans de nombreux actes de management. C'est ainsi qu'un entretien de « remise sur rail » ou de « recadrage » nécessite de rester centré sur les faits; un entretien d'aide fera davantage appel aux sentiments; un entretien de « sanction positive » relève d'une conjugaison des faits et des opinions; dans un entretien d'évaluation, la mesure des résultats est basée sur les faits; en revanche l'évaluation elle-même relève de l'opinion que l'on a sur la personne.

Ne jamais oublier que les faits sont des données palpables, objectives sur lesquelles l'accord est toujours possible, c'est en cela qu'ils constituent une base solide. En revanche, les opinions et les sentiments sont parfaitement individuels. Chacun a le droit d'avoir ses propres opinions qui ne seront pas forcément les vôtres ou de ressentir une émotion d'une autre nature.

Savoir poser des questions

La qualité des réponses des candidats et la pertinence des informations collectées lors de l'entretien dépendent de la qualité des questions qui sont posées.

La forme et la nature permettent de distinguer quatre grandes catégories de questions.

Il existe deux formes de questions :

– les *questions ouvertes* qui sont des questions exploratoires. Elles visent à faire réfléchir l'autre et lui laisser un large espace de parole. Par exemple : Que pensez-vous de l'égalité des chances ? Que faisiez-vous dans ce poste ? Pourquoi avez-vous choisi ce métier ? Quelles étaient vos responsabiltés ? Quel environnement de travail appréciez-vous ?

– les *questions fermées* qui appellent des réponses précises et courtes, soit par oui ou par non, soit par un chiffre, soit la réponse à un choix proposé : Aimez-vous les chiffres ? Combien avez-vous d'enfants ? Dans quelle ville êtes-vous né ? Voulez-vous un thé ou un café ?

Il y a également deux natures de questions :

– les *questions neutres* qui laissent l'interviewé libre de sa réponse sans aucune influence ou induction de l'interviewer. Exemples : Que pensez-vous de la crise économique mondiale ? Pourquoi postulez-vous pour cette fonction ? Êtes-vous ponctuel ? Déjeunons-nous ensemble ?

– les *questions influencées* exercent une pression sur l'interlocuteur, elles lui ôtent sa liberté de réponse. Les questions formulées négativement sont souvent des questions influencées : Que pensez-vous de cette dramatique crise économique mondiale ? Pourquoi ne postuleriez-vous pas pour cette fonction ? Êtes-vous vraiment toujours à l'heure ? Vous ne déjeuneriez pas avec moi ?

Les différentes catégories de questions

Nature / Forme	Neutre	Influencée
Ouverte	Liberté sur le contenu de la réponse. Développement de la pensée.	Pas de liberté sur le contenu de la réponse. Développement de la pensée.
Fermée	Liberté sur le contenu de la réponse. Peu de développement de la pensée.	Pas de liberté sur le contenu de la réponse. Pas de développement de la pensée.

Les quatre catégories de questions sont donc : les questions fermées neutres, les questions fermées influencées, les questions ouvertes neutres et les questions ouvertes influencées.

Je vous propose un nouvel exercice.

Exercice 2 : Déterminez pour chaque question la catégorie à laquelle elle appartient

	Ouverte		Fermée	
	Neutre	Influencée	Neutre	Influencée
1. Êtes-vous majeur ?				
2. Pourquoi avez-vous choisi ce travail ?				
3. Pratiquez-vous un sport ?				
4. Que pensez-vous de cet article ?				
5. Irez-vous à la réunion ?				
6. Pourquoi avez-vous choisi un travail aussi pénible ?				
7. Ne pensez-vous pas que nous devrions réduire davantage le temps de travail ?				
8. Quand souhaitez-vous que nous nous rencontrions ?				
9. Préférez-vous un rendez-vous en début ou en fin de journée ?				
10. Êtes-vous d'accord avec la décision prise par le groupe ?				
11. Que pensez-vous de la décision prise par le groupe ?				
12. Êtes-vous vraiment d'accord avec cette décision ?				
13. Que pensez-vous de cette décision inadmissible ?				
14. Que faisiez-vous dans ce poste ?				
15. Quand êtes-vous libre pour prendre cette fonction ?				
16. Avez-vous une clause de non-concurrence ?				

17. Vous n'avez pas une clause de non-concurrence au moins ?				
18. Proposez-vous toujours des solutions face à un problème ?				
19. Quelles compétences avez-vous développées dans cette fonction ?				
20. Savez-vous analyser un bilan ?				
21. Que pensez-vous du poids de la hiérarchie ?				
22. Que pensez-vous de cette pratique inadmissible qui consiste à n'embaucher que des CDD ?				
23. Racontez-moi une journée de travail ?				
24. Racontez-moi comment vous organisiez votre journée ?				
25. Êtes-vous flexible au niveau des horaires ?				
26. Êtes-vous un bon délégant ?				
27. Vous êtes, bien sûr, flexible au niveau des horaires ?				
28. Ne pensez-vous pas que nous devrions arrêter cet exercice ?				

Voir solutions en fin d'ouvrage

Dans un entretien de recrutement, il est intéressant de manier avec art ces différentes catégories de questions selon l'information que vous voulez obtenir :

- Posez des questions fermées neutres quand vous voulez obtenir des informations précises.
- Posez des questions ouvertes neutres quand vous souhaitez que le candidat s'exprime largement sur le sujet.

- Posez des questions sur des opinions quand vous voulez savoir ce que pense une personne sur un domaine qu'il vous semble important d'aborder.
- Posez des questions sur des faits, des vécus, des expériences si vous voulez décrypter une compétence ou une caractéristique de personnalité.
- Soyez vigilant à ne pas poser de questions influencées qui, sans que vous vous en rendiez compte, indiquent au candidat dans quel sens il sera préférable de répondre pour être en accord avec vous. En revanche, elles peuvent être utilisées lorsqu'on détecte des contradictions chez un candidat ou pour vérifier des points particuliers sur lesquels vous avez des doutes. Exemples : Ne disiez-vous pas tout à l'heure que vous préféreriez un emploi en province ? Vous ne pouvez donc pas faire complètement confiance à un collaborateur ? Que pensez-vous du poids de la hiérarchie ? Pourquoi avez-vous choisi un travail aussi pénible ?
- Dernier point important dans l'art de poser des questions : ne poser qu'une seule question à la fois et ne jamais commenter sa question. Les recruteurs ont souvent tendance à expliciter leurs questions.

Exemple : « Comment faisiez-vous votre prospection ? » Puis ils rajoutent, « faisiez-vous du phoning, des mailings, quelle était votre organisation… ? » Et le tapis rouge est déroulé, le candidat commence à avoir une idée de ce que vous recherchez.

Cela peut également être une stratégie du candidat qui va essayer d'amener le recruteur à compléter sa question et de surenchérir : « Sur quel domaine précisément ? ». Il s'agit là de ne pas se laisser piéger par l'induction du candidat et de reformuler ou d'apporter une réponse du type : « Votre prospection en général dans ce poste. »

Conjuguer l'écoute et l'art de poser des questions

Vous allez passer une grande partie de l'entretien à conjuguer l'art de poser des questions et de manier des faits et des opinions. Vous allez demander au candidat de raconter ce qu'il a fait, comment il a procédé dans des circonstances déterminées, et c'est à partir des descriptions qu'il vous fournira que vous allez identifier qui il est et comment il fonctionne, c'est-à-dire comment il réagit en fonction d'événements prévisibles.

Un phénomène extrêmement important est l'impossibilité de mentir lorsqu'on reste centré sur des faits. Je ne veux pas dire que les candidats mentent (cela arrive !) mais ils peuvent avoir tendance à enjoliver la réalité, « à se parer d'hermine ». Dans le domaine des opinions, cela est un exercice facile pour celui qui possède quelque aisance verbale et peut ainsi paraître « bon ». En revanche, se cantonner aux faits, rester dans le descriptif rend la mystification difficile : le rythme de parole se ralentit, la personne se contredit très rapidement et un certain nombre d'anomalies apparaissent. Tentez l'expérience et efforcez-vous de raconter une expérience de travail complètement fausse. Vous verrez que vous ne soutiendrez pas l'épreuve très longtemps. Là réside un des grands avantages de ce type de questionnement.

La technique consiste à déterminer précisément l'information que l'on recherche sur un candidat lorsqu'on pose une question. C'est un point essentiel dans la technique d'entretien utilisé. Il n'est plus question de récolter des informations au gré de la discussion, mais de maîtriser celle-ci en fonction du résultat à obtenir. Pendant les récits des candidats, jouez les Sherlock Holmes et cherchez les indices comportementaux en vous posant en permanence la question : *Qu'est-il en train de démontrer ? Est-ce bien le comportement que je recherche ?*

Pour détecter des savoir-être, il est impossible de poser des questions directes sur le sujet. Par exemple, s'il est nécessaire de savoir si l'interviewé a la capacité à travailler en équipe. Vous avez bien compris au stade où nous en sommes qu'il est inutile de lui demander s'il aime travailler en équipe ou ce qu'il pense du travail en équipe. Ce sont des questions sur les opinions. Il faut lui demander : *Comment fonctionniez-vous avec vos collègues ? Quelle est la meilleure réalisation que vous ayez faite à plusieurs et comment cela s'est-il passé ? Donniez-vous des « coups de main » aux autres, lesquels ? Est-ce que vos collègues vous apportaient des aides ponctuelles ? Lesquelles ?*

Ainsi vous savez, lorsque vous posez telle question, que votre attention va être focalisée sur la caractéristique que vous voulez évaluer. D'où la nécessité d'établir une structure de questions analogue pour tous les candidats. Il devient alors beaucoup plus facile de les comparer.

Par exemple, si le poste à pourvoir comporte des évolutions techniques permanentes, il nécessite par conséquent un candidat qui aime apprendre. Quelqu'un qui a ce goût d'apprendre, apprend dans toute situation et à tout moment. La batterie de questions ouvertes, neutres et centrées sur les faits va donc être : *Qu'avez-vous appris dans ce travail de... (CV)... ? Qu'avez-vous retenu de ce stage ? Qu'avez-vous particulièrement approfondi ? Avez-vous encore des choses à apprendre ? Dans quels domaines ? Qu'espérez-vous apprendre en prenant cette fonction ? Que lisez-vous ?* Un candidat qui aime apprendre apportera quantité de réponses et d'exemples circonstanciés, car apprendre dans toute situation est naturel pour lui. Un candidat qui n'a pas ce goût d'apprendre sera très limité dans ses réponses et ne laissera pas paraître un plaisir de s'être enrichi. Les questions de base ayant été identiques, vous pouvez aisément étalonner les candidats sur cette caractéristique.

L'approfondissement du parcours professionnel offre la possibilité de valider bon nombre des compétences et caractéristiques des personnalités recherchées. Il est préférable d'approfondir au maximum un poste qui semble le plus significatif par rapport au poste à pourvoir que de « surfer » sur plusieurs postes et par là même prendre le risque de rester trop superficiel.

Pour approfondir un poste, il suffit de commencer de façon très générale et de resserrer, au fur et à mesure, les mailles du tamis des questions. La démarche va donc consister à demander au candidat : « Quelles étaient vos principales activités dans tel poste ? » Puis de reprendre successivement chacune de ces activités « Comment faisiez-vous pour... ? » et d'approfondir chaque activité jusqu'à ce que vous compreniez comment le candidat travaillait et quelles étaient ses performances. Puis complétez l'investigation avec des questions concernant l'environnement du poste : quelle était votre place dans l'organisation ? Comment fonctionniez-vous avec votre manager ? Pouvez-vous me parler de vos collègues ?

Une fois l'expérience professionnelle sélectionnée valablement « décortiquée », vous aurez collecté bon nombre d'informations sur le profil du candidat. Il ne vous restera qu'à rechercher les informations manquantes sur d'autres postes occupés par un jeu de questions ciblées sur les caractéristiques recherchées.

À titre d'exemple, vous trouverez ci-après comment se réalise l'approfondissement d'une expérience commerciale.

Attention, il ne s'agit pas de toutes les questions à poser à un candidat. Un entretien de recrutement n'est pas un interrogatoire, mais est l'occasion d'approfondir toutes les informations dont un recruteur a besoin pour comprendre comment la personne a fonctionné dans son poste.

Certaines questions apporteront des réponses sur plusieurs aspects :

- Quels produits/services vendiez-vous ?
- Quel était celui que vous préfériez ? Pouvez-vous m'en parler ?
- Quel était celui que vous aimiez le moins ? Comment le vendiez-vous ?
- Quelle était la taille de votre secteur ?
- Quelle était votre cible de clientèle ?
- Quelles étaient vos principales activités/responsabilités ?

Reprendre chacune des activités afin de comprendre comment il travaillait :

- L'amont de la vente :
  - Quelle était votre stratégie commerciale ?
  - Comment faisiez-vous votre prospection ?
  - Racontez-moi une semaine de travail ?
  - Comment se répartissait votre temps de travail ?
  - Combien de RDV par semaine, en moyenne, aviez-vous ?
  - Avez-vous mené des opérations commerciales ? Pouvez-vous m'en raconter une ?
- L'activité commerciale :
  - Quelles étaient les proportions en prospection, vente sur clientèle, suivi clients ?
  - Quelle était votre méthode de vente ?
  - Quels étaient vos arguments de vente ?
  - Quelles étaient vos principales causes de non-réalisation d'affaires ?
  - Quels étaient vos outils d'aide à la vente ?
  - Quels supports utilisiez-vous ?
  - Quelle a été l'une de vos plus belles ventes ?
  - Quelle a été l'une des plus difficiles ?
  - Y a-t-il eu une vente que vous avez regrettée ?
  - Quel produit/service vendiez-vous le mieux ? Pourquoi ?
  - Quel produit/service vendiez-vous le moins bien ? Pourquoi ?
  - Avez-vous eu des périodes plus difficiles ? Lesquelles ?

  - Comment cela se passait-il quand vous n'aviez pas assez de RDV ?
  - Quel a été votre échec commercial le plus cuisant ?
  - Comment faisiez-vous le suivi clients/prospects ?
  - Quel a été le client le plus « em... » ?
- Le suivi de l'activité :
  - Quels étaient vos objectifs ?
  - Comment les suiviez-vous ?
  - Quels sont ceux que vous atteigniez aisément ?
  - Quels sont ceux pour lesquels vous aviez des difficultés ?
  - Quels étaient vos résultats ?
  - Comment les expliquez-vous ?
  - Quels ratios d'efficacité suiviez-vous ?
  - Comment vous positionniez-vous par rapport à vos collègues ?
  - Que vous aurait-il fallu pour améliorer vos performances ?
- L'environnement du poste :
  - Quelles étaient les contraintes imposées par l'entreprise ?
  - Comment fonctionniez-vous avec votre hiérarchie ?
  - Comment fonctionniez-vous avec vos collègues ?
  - Votre entreprise organisait-elle des manifestations ?
  - Comment les trouviez-vous ?

Canaliser le feeling

Le *feeling* est une impression, une sensation irrationnelle que nous ressentons face à un autre être humain, un sentiment spontané de sympathie ou de recul.

Cette première impression que nous cherchons ensuite à confirmer est la caractéristique essentielle du feeling. Lors de la première rencontre avec une personne, le feeling teinte d'emblée la communication :

- soit d'un « filtre rose » que nous allons tenter par tous les moyens de rationaliser et de prouver en cherchant tous les aspects positifs de sa personnalité et en gommant les aspects qui pourraient être négatifs;

– soit d'un « filtre gris » que nous allons également rationaliser et prouver en recherchant et en ciblant tous ses points faibles.

En fait, que se passe-t-il ? Nous fonctionnons comme si nous-mêmes étions un modèle, un étalon nous servant de base pour « mesurer » les autres. Nous apprécions et reconnaissons inconsciemment les personnes qui nous ressemblent. Cela s'appelle la *cooptation à l'identique.* Nous rejetons les personnes qui sont différentes parce que nous ne sommes pas capables de comprendre, d'analyser cette différence. Elle est hors de notre champ de perception. Le phénomène de rejet semble être un mécanisme de défense, voire de survie. Ce sont les deux mécanismes les plus simples du feeling.

Toutefois, il peut également exister une cooptation à la différence. On peut installer un phénomène de rejet d'une personne parce qu'elle présente des aspects que nous n'aimons pas en nous-mêmes. Par exemple, un homme coléreux qui vit mal cet aspect de lui-même, peut ressentir un rejet vis-à-vis d'un coléreux comme lui et une attirance spontanée à l'égard d'une personne extrêmement calme. Cette *cooptation à la différence* est très liée à l'estime de soi. Il s'agit de mécanismes humains tout à fait normaux.

Lorsque deux personnes se rencontrent, une quantité étonnante de paramètres entrent en jeu. Certains sont conscients et identifiables comme l'apparence physique, le comportement extérieur, les attitudes, le langage, les centres d'intérêt. Nous croyons nous baser sur ces paramètres pour étayer la première impression. Mais, en fait, quantité d'autres éléments interviennent dont nous ne sommes absolument pas conscients. Les aspects conscients évoqués ci-dessus nous renvoient à des images, à des associations qui se trouvent dans notre inconscient. Des aspects de personnalité profonde, des valeurs, des mécanismes psychologiques sont encore plus déterminants dans cette première impression. Ce sont des mécanismes inconscients de projection. La rationalisation secondaire donnera des pseudo-raisons logiques à ces projections.

Le feeling a des avantages : entre autres, il facilite la communication. La « reconnaissance inconsciente » qu'il véhicule crée une ouverture à l'autre, permet un langage commun sans effort, spontanément. Mais il est dangereux en recrutement. En effet, il peut avoir des origines diverses que nous avons évoquées. Ces origines relèvent ou non de la sphère professionnelle. Si ce n'est pas le cas, la collaboration sera d'autant plus difficile car il y aura déception et culpabilité. En effet, l'on se reprochera de n'avoir pas suffisamment approfondi certains critères lors du recrutement et même de « s'être laissé avoir ». Le feeling n'est donc pas la garantie d'une collaboration professionnelle efficace.

De plus, un « moindre feeling » n'est jamais définitif, il peut évoluer au cours de la collaboration par une reconnaissance de la qualité professionnelle.

Le feeling est en réalité un mécanisme qu'il est nécessaire de relativiser et de canaliser, qu'il soit positif ou négatif. Il nous parle essentiellement de nous-mêmes et non pas de l'autre. Une bonne méthode de travail est une prévention contre ce dérapage possible. Un guide d'entretien bien établi, nous obligeant à poser un certain nombre de questions réfléchies, est une garantie contre les oublis plus ou moins involontaires. Il nous oblige à une certaine rigueur et laisse moins de place à notre inconscient qui sait si bien se jouer de nous.

Toutefois, le feeling est un mécanisme que nous ne pouvons pas gommer complètement et dont il faut tenir compte. Il faut lui donner une place, sa juste place. Elle se situe lors de deux étapes du processus : la première au moment de l'analyse d'un entretien à la suite de la rencontre avec le candidat, et la seconde lors du choix du finaliste.

Préparer un guide d'entretien

Disponibilité et efficacité, lors d'un entretien de recrutement, nécessitent de préparer le canevas de l'entretien que vous décidez de mener avec les différents candidats que vous allez rencontrer.

Cette trame (qui n'est pas un carcan) permet de maîtriser la progression de l'entretien vers son double objectif : vous permettre de savoir si le candidat correspond à votre besoin et donner au candidat la possibilité de déterminer si le poste proposé correspond à ses aspirations. Vous devez être en mesure, à la fin de l'entretien, d'utiliser la fiche « profil de poste » et de cocher les éléments dont le candidat vous a démontré qu'il les détenait et de barrer ceux qu'il ne possédait pas. Vous aurez ainsi une représentation claire et précise du degré d'adéquation de chaque candidature par rapport au profil recherché.

Ce guide offre plusieurs autres avantages et donne :

- la certitude de ne rien oublier, ou tout au moins pas l'essentiel;
- un tamis commun pour tous les candidats, ce qui facilite les comparaisons évoquées précédemment;
- un confortable anti-stress pour celui qui recrute de façon occasionnelle.

Pour bâtir ce guide d'entretien, il suffit de préparer le canevas des questions que vous allez poser aux candidats. Il doit être aisément lisible et exploitable tout au long de l'entretien. Il sera votre boussole qui vous guidera sur votre axe de progression.

Vous noterez sur celui-ci les points clés que vous voulez aborder et les questions que vous allez poser. Ces questions doivent être assorties des caractéristiques que vous observerez afin de ne pas perdre de vue l'objectif poursuivi.

Pour matérialiser cette préparation, nous allons bâtir les guides d'entretien pour les quatre postes retenus depuis le début de ce livre.

Exemple 1 : Webmaster

1. ACCUEILLIR LE CANDIDAT : noter les points clés à aborder.

2. LA RECHERCHE DES INFORMATIONS COMPLÉMENTAIRES par rapport au CV et à la lettre de candidature : reprendre toutes les questions évoquées précédemment dans la chronologie de l'entretien sur les études et le parcours professionnel ainsi que les questions portées sur la grille de présélection.

3. LES CRITÈRES DE MOTIVATION : *Que recherchez-vous dans le travail ?*

4. L'APPROFONDISSEMENT D'UNE EXPÉRIENCE SÉLECTIONNÉE DANS LE CV.

5. LA VALIDATION DES COMPÉTENCES

Les compétences à vérifier sont : maîtrise du langage HTML, connaissance de l'architecture informatique d'un réseau, bonnes capacités rédactionnelles, maîtrise des outils bureautiques, savoir créer et mettre à jour une base de données type Access, culture informatisée de l'image, bonnes notions de graphisme.

Il sera aisé, pour cette fonction, de se baser sur des sites réalisés par le candidat. Nous allons donc lui demander la liste des sites qu'il a réalisés, puis celui qu'il a préféré et celui qu'il aime le moins. Une mise en situation, à savoir aller effectivement sur Internet pour regarder et commenter les sites avec lui, sera la meilleure source d'observation.

Les questions à poser sont : *Comment avez-vous procédé pour réaliser ce site ? Combien de temps avez-vous mis ? Quelles sont les principales difficultés techniques que vous avez rencontrées ? Avec qui avez-vous travaillé ? Quelles sont les principales difficultés humaines qui ont gêné votre travail ?*

Quelle a été la phase la plus passionnante ? Quelle a été la période la plus difficile ? À quel moment avez-vous considéré que votre travail était bon ? Pourquoi préférez-vous ce site ou pourquoi est-ce celui que vous aimez le moins ?

En même temps que l'on écoutera les réponses du candidat, il sera possible d'observer la qualité technique et visuelle du travail fourni et valider sa correspondance avec le besoin.

De plus, cette mise en situation permettra d'observer le comportement du candidat devant un ordinateur : se transforme-t-il en informaticien « autiste » au jargon incompréhensible pour des non-initiés ou garde-t-il une qualité relationnelle nécessaire dans le poste à pourvoir.

6. La vérification des caractéristiques de personnalité

Les caractéristiques de personnalité à vérifier sont : autonomie, sens des responsabilités, intérêt pour l'activité de l'entreprise, curiosité intellectuelle, ouverture d'esprit, bonnes capacités d'analyse et de synthèse, créativité, aisance relationnelle, communicant, ascendant naturel.

Si vous n'avez pu les observer lors des phases précédentes de l'entretien, quelques questions complémentaires sont à poser sur le même poste ou sur d'autres postes occupés par le candidat.

- L'autonomie.

Il s'agit de savoir décider et agir par soi-même sans avoir besoin d'en référer à quelqu'un. Savoir travailler avec peu ou pas de directives, ne recourir à sa hiérarchie qu'en cas de nécessité. On pourra vérifier cette capacité en posant les questions : *Racontez-moi une expérience où vous vous êtes senti un peu seul ? Lors de la réalisation de tel site (reprendre un site abordé lors de la phase précédente), quelles sont les situations où vous avez dû faire appel à votre hiérarchie ? Vous est-il arrivé d'avoir un hiérarchique trop présent ? Pouvez-vous, dans tel poste, me raconter une semaine de travail ? Vous est-il arrivé de vous sentir un peu seul ?*

- Le sens des responsabilités.

Quelle est, dans votre vie professionnelle, la dernière décision que vous ayez eue à prendre ? Quelles en ont été les conséquences ? Pouvez-vous me donner un exemple de décision que vous auriez prise trop vite ? Dans ce poste, quelles ont été vos principales responsabilités ? Puis reprendre les principales : *Comment avez-vous fait pour les assumer ? Quelles ont été les plus faciles/difficiles ? Quelles sont les situations où vous n'avez pas été content vous ?*

• L'intérêt pour l'activité de l'entreprise.

Poser des questions sur le secteur d'activité, ce qu'il en connaît, s'y est-il déjà intéressé avant ? Ce qui l'intéresse particulièrement ?

• La curiosité intellectuelle – L'ouverture d'esprit.

Dans tel et tel travail qu'avez-vous appris ? Comment vous y êtes-vous pris ? Quelles sont les revues professionnelles que vous lisez ? Quels sont les domaines que vous aimeriez approfondir ? Si la personne a suivi des formations complémentaires, pourquoi les a-t-elle faites ? Racontez-moi les premiers jours de prise de fonction dans votre dernier poste ? Comment avez-vous fait pour connaître votre entreprise ? Qu'avez-vous appris dans telle fonction ? En quoi cela vous a-t-il amené à modifier votre façon de travailler ? Quelles sont les personnes qui vous ont le plus appris ?

• De bonnes capacités d'analyse et de synthèse.

Cette aptitude se vérifie tout au long de l'entretien.

• La créativité.

L'analyse des sites réalisés par le candidat doit permettre de valider cette caractéristique. On peut également compléter l'investigation : *Quelles sont les idées géniales que vous n'avez pas pu mettre en œuvre dans vos fonctions précédentes ? Quelles sont les solutions techniques les plus innovantes que vous ayez réalisées ? Comment travaillez-vous avec Photoshop/Illustrator ? Quelle a été votre plus belle réalisation ?*

• L'aisance relationnelle – communicant.

Il est important, pour vérifier cette caractéristique, d'écouter tout au long de l'entretien la façon dont la personne parle des autres (hiérarchie, collègues, clients éventuels) et de repérer si elle entre facilement en contact, si elle écoute, tient compte de l'avis des autres, aime échanger. On pourra également lui demander : *Quelle est la personne avec laquelle vous avez le mieux travaillé ? Quelle est la personne avec laquelle vous avez eu le plus de difficultés relationnelles ?*

• L'ascendant naturel.

L'observation du candidat pendant l'entretien sera déjà un indicateur intéressant. On pourra également valider cet aspect par les questions suivantes : *Vous est-il arrivé d'avoir envie de faire passer vos idées ? Lesquelles ? Comment cela s'est-il passé ? Quelles sont les personnes, dans votre parcours professionnel, dont vous avez influencé les choix ou décisions ? Vous est-il arrivé de défendre votre avis contre tous ? Avez-vous déjà eu à faire à des prestataires ? Comment travailliez-vous avec eux ?*

7. L'ENTREPRISE ET LE POSTE

Noter tous les points clés à communiquer au candidat.

8. CONCLUSION

Elle est très liée à la teneur de l'entretien. Toutefois, noter les points clés évoqués précédemment sur votre guide d'entretien.

GUIDE D'ENTRETIEN WEBMASTER

1. Accueillir le candidat Présentation – Titre de la fonction – Activité de l'entreprise – 1 500 personnes – Création de poste – Objectif de l'entretien – Durée : 1h-1h30 – Candidature parvenue par… et un sourire.	
2. Les compléments par rapport à la lettre et au CV • Pouvez-vous me dresser un panorama de vos études et de votre vie professionnelle ? • Les études : Quoi ? Quand ? Pourquoi ? Intérêts ? Mise en œuvre ? Autres souhaits ? • Comprendre les grandes lignes de chacun des postes : Pourquoi ? Quand ? Principales activités ? Réalisations ? Motifs de départ ? • Questions particulières notées sur grille de présélection. • Analyse de sa recherche d'emploi.	Capacité d'analyse et de synthèse
3. Les critères • Que recherchez-vous dans le travail ?	
4. L'approfondissement d'une expérience sélectionnée dans le CV	

5. Les compétences	
Visualiser deux sites réalisés. • Comment avez-vous procédé pour réaliser ce site ? • Combien de temps avez-vous mis ? • Quelles sont les principales difficultés techniques que vous avez rencontrées ? • Avec qui avez-vous travaillé ? • Quelles sont les principales difficultés humaines qui ont gêné votre travail ? • Quelle a été la phase la plus passionnante ? • Quelle a été la période la plus difficile ? • À quel moment avez-vous considéré que votre travail était bon ? • Pourquoi préférez-vous ce site ou pourquoi est-ce celui que vous aimez le moins ?	Maîtrise du langage HTML Connaissance de l'architecture informatique d'un réseau Bonnes capacités rédactionnelles Maîtrise des outils bureautiques Savoir créer et mettre à jour une base de données type Access Culture informatisée de l'image Bonnes notions de graphisme
6. Les caractéristiques de personnalité (non observées précédemment)	
• Racontez-moi une expérience où vous vous êtes senti un peu seul ? • Lors de la réalisation de tel site (reprendre un site abordé lors de la phase précédente), quelles sont les situations où vous avez dû faire appel à votre hiérarchie ? • Vous est-il arrivé d'avoir un hiérarchique trop présent ? • Pouvez-vous, dans votre fonction précédente, me raconter une semaine de travail ?	Autonomie
• Quelle est, dans votre vie professionnelle, la dernière décision que vous ayez eue à prendre ? • Quelles en ont été les conséquences ? Pouvez-vous me donner un exemple de décision que vous auriez prise trop vite ? • Dans ce poste, quelles ont été vos principales responsabilités ?	Le sens des responsabilités

• Puis reprendre les principales : Comment avez-vous fait pour les assumer ? Quelles ont été les plus faciles/difficiles ? • Quelles sont les situations où vous n'avez pas été content vous ?	Le sens des responsabilités
• Poser des questions sur le secteur d'activité, ce qu'il en connaît, s'y est-il déjà intéressé avant ? • Ce qui l'intéresse particulièrement ?	L'intérêt pour l'activité de l'entreprise
• Dans tel ou tel travail (*cf.* CV) qu'avez-vous appris ? • Comment cela s'est-il passé ? • Quelles sont les revues professionnelles que vous lisez ? • Quels sont les domaines que vous aimeriez approfondir ? • Si la personne a suivi des formations complémentaires : Pourquoi et comment les avez-vous faites ? • Racontez-moi les premiers jours de prise de fonction dans votre dernier poste ? • Comment avez-vous fait pour connaître votre entreprise ?	La curiosité intellectuelle
• Qu'avez-vous appris dans telle fonction ? En quoi cela vous a-t-il amené à modifier votre façon de travailler ? • Quelles sont les personnes qui vous ont le plus appris ?	L'ouverture d'esprit
• Quelles sont les idées géniales que vous n'avez pas pu mettre en œuvre dans vos fonctions précédentes ? • Quelles sont les solutions techniques les plus innovantes que vous ayez réalisées ? • Comment travaillez-vous avec Photoshop/Illustrator ? • Quelle a été votre plus belle réalisation ?	La créativité
• Quelle est la personne avec laquelle vous avez le mieux travaillé ? • Quelle est la personne avec laquelle vous avez eu le plus de difficultés relationnelles ?	L'aisance relationnelle Communicant
• Vous est-il arrivé d'avoir envie de faire passer vos idées ? Lesquelles ? • Comment cela s'est-il passé ? • Quelles sont les personnes, dans votre parcours professionnel, dont vous avez influencé les choix ou décisions ?	L'ascendant naturel

• Vous est-il arrivé de défendre votre avis contre tous ? • Avez-vous déjà eu à faire à des prestataires ? Comment travailliez-vous avec eux ?	L'ascendant naturel
7. L'entreprise et le poste • Compléments : activité, organisation, culture. • Remettre brochure • Reprendre description de poste. • Rémunération. • Statut. • Horaire de travail : 214 jours. • Questions ? • Vérifier son intérêt pour le poste. • Quels sont les autres postes pour lesquels vous vous avez présenté votre candidature ?	
8. Conclusion • Points particuliers que la personne souhaite aborder. • Synthèse + réponse dans environ deux semaines.	

Exemple 2 : Assistant(e) juridique dans un cabinet d'avocats

1. ACCUEILLIR LE CANDIDAT : notez les points clés à aborder.
2. LA RECHERCHE DES INFORMATIONS COMPLÉMENTAIRES PAR RAPPORT AU CV et à la lettre de candidature : reprendre toutes les questions évoquées précédemment dans la chronologie de l'entretien sur les études et le parcours professionnel, ainsi que les questions portées sur la grille de présélection.
3. LES CRITÈRES DE MOTIVATION : *Que recherchez-vous dans le travail ?*
4. L'APPROFONDISSEMENT D'UNE EXPÉRIENCE PROFESSIONNELLE
5. LA VALIDATION DES COMPÉTENCES

- Bilingue anglais.

Menez une partie de l'entretien en anglais, notamment l'analyse du CV et les questions vérifiant les connaissances en droit des sociétés.

- Bon niveau de dactylographie, d'orthographe française et anglaise et pratique de Word.

Donnez à taper sur Word un contrat en anglais et les statuts de création d'une SARL en français. (Mesurez la qualité du travail et le temps passé.)

- Connaissances de base en droit des sociétés.

Posez les questions suivantes : *Quelles sont les formalités pour créer une SARL ? une SA ? Qui convoque une Assemblée Générale ? Quelles sont les modifications qui nécessitent une publication ? Quelles sont les formalités annuelles pour une SARL ? Quels sont les registres à tenir pour une SA ?*

Comment écouter les réponses : se centrer sur la pertinence des réponses, la rapidité, la structuration des idées.

6. LA VÉRIFICATION DES CARACTÉRISTIQUES DE PERSONNALITÉ

- Politesse et amabilité.

Elles se vérifient tout au long de l'entretien.

- Respect des procédures.

Quelles étaient les règles de fonctionnement dans... tel et tel poste ? Quelles étaient les normes de classement ? Comment organisiez-vous vos fichiers informatiques? Quelles sont les procédures qui n'étaient pas applicables ? Quelles sont les procédures auxquelles vous avez apporté des améliorations?

Comment écouter les réponses : la personne est-elle capable de décrire aisément les procédures ? Etait-elle à l'aise avec celles-ci ? En parle-t-elle de façon positive ? La façon dont elle parle des améliorations ou des procédures inapplicables est-elle justifiée ou semble-t-elle avoir besoin de « refaire le monde » ?

- Rigueur et méthode.

Racontez-moi une semaine de travail. Racontez-moi une journée de travail. Comment organisiez-vous de façon générale votre travail ? Comment commenciez-vous et finissiez-vous vos journées ? Comment organisez-vous votre espace de travail ?

Comment écouter les réponses : le discours est-il clair ? Structuré ? La description elle-même est-elle méthodique ? L'ordre, le classement sont-ils réellement démontrés dans les comportements ?

- Capacité à garder son calme en toutes circonstances.

Qu'est-ce qui vous stresse le plus ? Exemples ? Comment faisiez-vous lorsque vous n'arriviez pas à terminer un travail dans les délais ? Racontez-moi une expérience dans laquelle vous avez été confronté à de sérieuses difficultés ? Comment faites-vous quand vous avez trois dossiers urgents à taper en même temps ? Quel est le client le plus stressant que vous ayez eu à subir ? Quel est le patron le plus « speedé » que vous ayez eu ?

L'observation est aussi importante que l'écoute pour ce critère. Lorsque la personne parle, est-elle calme ? Son discours est-il aussi structuré que précédemment ? Montre-t-elle des signes de stress ?

Comment écouter les réponses : avoir des émotions n'empêche pas de dominer celles-ci. La personne démontre-t-elle une capacité à ne pas perdre en efficacité dans des situations qui peuvent être difficiles ?

- Rapidité d'exécution et rapidité d'adaptation.

Qu'est-ce qu'une journée chargée pour vous ? Qu'est-ce qu'une journée calme ? Qu'est-ce qui fait que vous avez passé une mauvaise journée ? Quelles sont les interruptions que vous avez du mal à supporter ?

+ observation du comportement du candidat et de son rythme général.

Comment écouter les réponses : le candidat démontre la capacité à garder un rythme de travail soutenu quelle que soit la diversité des tâches ? A-t-il l'aptitude à changer rapidement d'interlocuteur ? Démontre-t-il une réelle efficacité ou au contraire un certain activisme ?

- Fiabilité.

Avez-vous une bonne mémoire ? Vous fiez-vous souvent à celle-ci ? (Si oui, c'est une erreur dans ce métier.) Comment faites-vous pour gérer les échéances ? Comment faites-vous pour ne rien oublier ? Avez-vous eu des « loupés » ? Lesquels ?

Comment écouter les réponses : la personne a-t-elle mis en place dans son ou ses différents postes des méthodes de travail lui permettant de dominer parfaitement ce qu'il y a à faire et qui relève de son initiative ? Ce qu'on lui demande ? Comment parle-t-elle des « loupés » ? En a-t-elle tiré des enseignements pour que cela ne se reproduise plus ? (Personne ne fait jamais d'erreur. Si la personne ne trouve pas de réponse, étonnez-vous.)

- Esprit d'équipe.

Comment fonctionniez-vous avec les autres… dans tel et tel poste ? Quels sont les coups de main que vous donniez ? Quels sont les coups de main que l'on vous donnait ? Qu'est-ce qu'une équipe pour vous ? Comment l'avez-vous mise en œuvre ?

Comment écouter les réponses : son mouvement vers les autres est-il naturel ? Les expériences sont-elles décrites de façon spontanées comme si elles étaient dans l'ordre des choses ? Ou y a-t-il un aspect un peu forcé ? Les aides ont-elles été à son initiative ou demandées ? Les heures supplémentaires sont-elles comptabilisées à la minute près ?

7. L'ENTREPRISE ET LE POSTE

- Notez tous les points clés que vous voulez aborder.
- Expliquez le poste et ses exigences.
- Vérifiez la disponibilité au niveau des horaires : *la personne a-t-elle déjà fait des heures supplémentaires dans ses précédents emplois ? De quelle nature ?* (exemples) Vérifier son organisation personnelle si elle a des enfants pour mesurer sa disponibilité.
- Expliquez ce qui est important dans le tandem à créer.
- Exposez la rémunération et analysez la en comparaison de celle de son précédent emploi.
- Questions que la personne se pose sur le poste et son environnement.
- Vérifiez si le poste l'intéresse.

8. CONCLUSION

- Faites un point sur sa recherche d'emploi.
- Faites la synthèse de l'entretien et n'oubliez pas d'informer du délai de réponse.

GUIDE D'ENTRETIEN ASSISTANT(E) JURIDIQUE

1. Accueillir le candidat Présentation – Titre de la fonction – Activités et spécificités du cabinet, nombre de personnes – Objectif de l'entretien – durée, plan, candidature parvenue par… et un sourire.	
2. Les compléments par rapport à la lettre et au CV • Les études : Quoi ? Quand ? Pourquoi ? Intérêts ? Mises en œuvre ? Autres souhaits ? • Comprendre les grandes lignes de chacun des postes : Pourquoi ? Quand ? Principales activités ? Motifs de départ ? • Questions particulières notées sur grille de présélection	Politesse Amabilité Bilingue anglais
3. Les critères • Que recherchez-vous dans le travail ?	
4. Approfondir une expérience sélectionnée dans le CV	
5. Les compétences Test : contrat en anglais + statuts SARL en français	Dactylographie Orthographe française et anglaise Word

• Quelles sont les formalités pour créer une SARL ? une SA ? • Qui convoque une assemblée générale ? • Quelles sont les modifications qui nécessitent une publication ? • Quelles sont les formalités annuelles pour une SARL ? • Quels sont les registres à tenir pour une SA ?	Droit des sociétés
6. Les caractéristiques de personnalité	
• Quelles étaient les règles de fonctionnement dans… ? • Quelles étaient les normes de classement ? • Quelles étaient les normes d'archivage ? • Comment organisiez-vous vos fichiers informatiques ? • Quelles sont les procédures qui n'étaient pas applicables ? • Quelles sont les procédures auxquelles vous avez apporté des améliorations ?	Respect des procédures
• Racontez-moi une semaine de travail ? • Racontez-moi une journée de travail ? • Comment organisiez-vous de façon générale votre travail ? • Comment commenciez-vous et finissiez-vous vos journées ? • Comment organisiez-vous votre espace de travail ?	Rigueur et méthode
• Qu'est-ce qui vous stresse le plus ? Exemples ? • Comment faisiez-vous lorsque vous n'arriviez pas à terminer un travail dans les délais ? • Racontez-moi une expérience dans laquelle vous avez été confronté à de sérieuses difficultés ? • Comment faites-vous quand vous avez trois dossiers urgents à taper en même temps ? • Quel est le client le plus stressant que ayez eu à subir ? • Quel est le patron le plus « speedé » que vous ayez eu ?	Capacité à garder son calme en toutes circonstances
• Qu'est-ce qu'une journée chargée pour vous ? • Qu'est-ce qu'une journée calme ?	Rapidité d'exécution

• Qu'est-ce qui fait que vous avez passé une mauvaise journée ? • Quelles sont les interruptions que vous avez du mal à supporter ?	Rapidité d'adaptation
• Avez-vous une bonne mémoire ? • Vous fiez-vous souvent à celle-ci ? (Si oui, c'est une erreur dans ce métier) • Comment faites-vous pour gérer les échéances ? • Comment faites-vous pour ne rien oublier ?	Fiabilité
• Comment fonctionniez-vous avec les autres... tel et tel poste ? • Quels sont les coups de main que vous donniez ? • Quels sont les coups de main que l'on vous donnait ? • Qu'est-ce qu'une équipe pour vous ? Comment l'avez-vous mis en œuvre ?	Esprit d'équipe
7. L'entreprise et le poste • Expliquer le poste et ses exigences. • A-t-elle déjà fait des heures supplémentaires dans ses précédents emplois ? de quelle nature ? exemples ? • Vérifier son organisation personnelle si elle a des enfants. • Expliquer ce qui est important dans le tandem à créer. • Exposer la rémunération et l'analyser en comparaison de celle de son précédent emploi. • Questions que la personne se pose sur le poste et son environnement. • Vérifier si le poste l'intéresse.	Disponibilité au niveau des horaires
8. Conclusion • Faire un point sur sa recherche d'emploi. • Synthèse + réponse sous huit jours.	

Exemple 3 : Chargé(e) de mission dans une compagnie d'assurances

1. ACCUEILLIR LE CANDIDAT : Qui suis-je ? Position – L'entreprise : position sur le marché, nombre total de salariés et nombre de chargés de mission.

Titre du poste + mission – Durée : entre 1 h 30 et 2 h – Plan de l'entretien.

2. LA RECHERCHE DES INFORMATIONS COMPLÉMENTAIRES par rapport au CV et à la lettre de candidature :

Comme il s'agit d'un poste commercial, on peut tout à fait commencer par des questions très larges et pas faciles pour voir comment le candidat s'en sort : *Pour commencer, parlez-moi de vous.* Puis : *Que connaissez-vous de notre société ? Pourquoi présentez-vous votre candidature chez nous ?* Il sera intéressant de bien noter, au cours de l'entretien, non seulement les aspects du profil que l'on souhaite valider, mais également les données sur lesquelles il met l'accent. ensuite, approfondissez le CV et reprenez les questions mentionnées sur la grille de présélection.

Pensez à demander au candidat ses diplômes et certificats de travail.

Faites un point sur sa recherche d'emploi : *Quelles sont les offres d'emploi pour lesquelles il a postulé ? Où en est-il dans le processus ?*

3. LES CRITÈRES DE MOTIVATION : *Que recherchez-vous dans le travail ?*

4. L'APPROFONDISSEMENT D'UNE EXPÉRIENCE SÉLECTIONNÉE DANS LE CV

5. LA VALIDATION DES COMPÉTENCES

- L'aisance verbale.

Elle se vérifie lors des deux phases précédentes et tout au long de l'entretien.

- La structuration des idées et la capacité de synthèse.

Elles pourront, elles aussi, être testées tout au long de l'entretien. Toutefois, il serait intéressant de les valider sur l'aspect purement technique de ses compétences et de lui demander, en utilisant ses expériences de la vente, de parler des produits qu'il devait promouvoir : *Quels produits vendiez-vous ? Parlez-moi de celui que vous préfériez ! Parlez-moi de celui que vous aimiez le moins !*

- La capacité d'analyse.

Il s'agit de savoir décomposer et examiner une situation ou un problème. Elle recouvre pour ce poste de chargé(e) de mission la capacité à analyser la circonscription qui lui est confiée et la problématique d'un client pour trouver la solution la plus adaptée à son besoin. Son expérience professionnelle peut, là encore, être utilisée comme support pour démontrer cette compétence : *Pouvez-vous me raconter une vente qui a été particulièrement intéressante ? Comment analysiez-vous votre marché ? Parmi les produits que vous vendiez, il y avait donc… quels sont à votre avis les avantages et les incon-*

vénients de ceux-ci par rapport à la concurrence ? Comment faisiez-vous pour analyser le besoin d'un client ? Ces questions s'enchaîneront bien avec celle du paragraphe précédent pour former un tout cohérent dans la vérification des compétences.

- Savoir s'organiser.

Cette compétence rejoint ce que nous avons évoqué pour les postes précédents. Toutefois, l'organisation d'un commercial non sédentaire nécessite une organisation d'une autre nature. C'est pourquoi il est préférable d'une part de prendre une unité de temps hebdomadaire, et d'autre part d'utiliser des zones d'activité. Les questions que l'on peut poser sont : *Racontez-moi une semaine de travail dans telle fonction. Comment organisez-vous votre prospection ? Comment organisiez-vous vos rendez-vous ? Comment assuriez-vous le suivi de vos clients ? Comment gériez-vous vos relances ? Comment faisiez-vous lorsque vous n'aviez pas assez de rendez-vous ?* Ces questions devront être adaptées au contexte professionnel du candidat.

Vérifiez sa pratique de l'informatique : *quels logiciels ? pour quelles activités ?*

6. La vérification des caractéristiques de personnalité

Ce poste repose sur des caractéristiques de personnalité très nombreuses. Il n'est pas possible de formuler plusieurs questions pour chacune des caractéristiques exigées, l'entretien risquerait de devenir une « usine à gaz ». Aussi dans ce cas, il convient de se demander quelles sont les caractéristiques aisément identifiables lors de la deuxième étape de l'entretien portant sur l'expérience professionnelle. Ensuite, nous rechercherons celles que l'on pourra vérifier en même temps que la validation des compétences. Il ne restera alors qu'à construire des questions spécifiques pour les caractéristiques restant à mettre au jour.

a) Quelles sont les caractéristiques vérifiables en écoutant le candidat parler de ses expériences professionnelles ?

Dans les qualités relationnelles : l'aisance relationnelle, la politesse et le savoir-vivre, être communicant (écoute, chaleur, pouvoir de conviction), la capacité à s'adapter à des interlocuteurs variés.

Dans les capacités d'autonomie : forte capacité d'initiative.

Dans la capacité à s'investir : grande capacité de travail.

b) Quelles sont les caractéristiques vérifiables avec la validation des compétences : son sens du service et son goût du professionnalisme (du travail bien fait) ainsi que ses capacités d'initiative.

Lorsqu'on vérifie la capacité de s'organiser du candidat, il est possible de compléter cette batterie de questions pour vérifier également s'il est indépendant (capacité à travailler seul et à s'autostimuler) par : *Comment fonctionniez-vous avec votre hiérarchie ? Étiez-vous fréquemment en contact ? Pourquoi ?*

Il reste donc huit caractéristiques pour lesquelles des questions spécifiques sont à poser :

• La capacité à se remettre en question.

C'est savoir apprendre de ses erreurs et de ses échecs et modifier ses comportements en conséquence. Pour savoir si un candidat a cette aptitude, nous allons lui poser des questions sur ses échecs et étudier la façon dont il en parle et les conséquences qu'il en a tirées. Les questions utiles sont du type : *Pouvez-vous me raconter votre échec le plus cuisant ? Pouvez-vous me racontez l'expérience qui vous a le plus appris ?*

• La curiosité intellectuelle et le fait d'aimer apprendre.

Elles peuvent être regroupés : *Dans tel et tel travail qu'avez-vous appris ? Comment vous y êtes-vous pris ? Quelles sont les revues professionnelles que vous lisez ? Quels sont les domaines que vous aimeriez approfondir ? Si la personne a suivi des formations complémentaires, pourquoi les a-t-elle faites ?*

• Les capacités de conseiller et de conclure.

Elles peuvent être testées sur la base de quatre questions : *Quelle a été votre plus belle vente ? Racontez-moi une vente qui a été particulièrement intéressante ? Quelles sont les ventes les plus difficiles que vous ayez eu à réaliser ? Quelle est votre progression dans un entretien de vente ? Quelles relations établissiez-vous avec vos clients ? Comment articuliez-vous vente et conseil ?*

• Ambition.

Est ambitieux celui qui a soif de réussite. L'ambition se traduit par la réussite sociale, professionnelle et constitue une des motivations pour gagner de l'argent. Un commercial dont la rémunération sera pour l'essentiel constituée de commissions est généralement motivé par le fait de gagner plus d'argent car, au-delà des revenus, c'est également un moyen pour lui de mesurer sa performance. Un bon chargé(e) de mission dans la société se situe dans une certaine fourchette de rémunération définie. Il est donc important de savoir si l'objectif du candidat se trouve dans la même fourchette. Il faudra l'interroger sur ses signes de réussite : *Quel est votre objectif de rémunération ?* Si son objectif est trop élevé par rapport aux possibilités offertes par le poste, il y aura très rapidement un problème; s'il n'est pas assez élevé, son niveau d'ambition ne sera pas cohérent avec celui de l'entreprise. De plus, cette ambition se matérialise par des signes extérieurs de réussite : un appartement dans un quartier chic, une voiture d'un certain standing, etc. Il est intéressant de mesurer le degré d'ambition d'un candidat et sa cohérence avec les réalisations possibles : Quels sont les éléments matériels qui traduiront sa réussite ?

- Bon contrôle émotionnel.

C'est savoir gérer ses émotions, dominer son stress. Quelqu'un qui a un bon contrôle saura ne pas s'emporter face à un client difficile; il aura la capacité à gérer les objections, il gardera son calme et son sourire en toutes circonstances. Pour vérifier cette aptitude, il y a bien sûr l'observation du candidat tout au long de l'entretien qui, vous l'avez bien compris, est relativement long. Mais on peut également lui demander : *Quelle est la relation avec un client qui a été la plus difficile ? Pourquoi ? Que s'est-il passé ? Quel est le client le plus ennuyeux que vous ayez rencontré ? Quelle est la plus grosse colère que vous ayez piqué dans votre vie professionnelle ? Racontez-moi une expérience dans laquelle vous avez été confronté à de sérieuses difficultés ?* Il faudra mesurer dans sa réponse si effectivement il y a concordance entre les actions et réactions du candidat par rapport à la situation et un certain niveau de contrôle émotionnel.

- La persévérance (ne pas se laisser abattre par l'échec).

Ce métier commercial nécessite de ne pas se laisser abattre par des périodes où on ne réalise pas ou peu de ventes; il faut garder en permanence son énergie et son envie de gagner. Là encore, la ou les expérience(s) commerciales précédentes vont être utiles et l'on peut demander au candidat : *Avez-vous eu des périodes de creux dans tel poste ? Que s'est-il passé ? Combien de temps maximum ont-elles duré ? Quelle a été la plus dure ? Quels sont les moyens que vous mettiez en œuvre pour garder le moral ?*

- Éthique professionnelle.

Une personne dotée d'une éthique, honnête, est quelqu'un qui « se conforme aux règles de la morale et de la loyauté ». Pour cette fonction de chargé(e) de mission, l'entreprise souhaite que les chargés de mission respectent certaines règles entre eux et notamment une règle de non-concurrence à l'égard de leurs collègues. En un mot, « on ne se pique pas » les clients. Il s'agit également d'avoir une éthique à l'égard des clients, à savoir de répondre réellement et précisément à leurs besoins et être vigilant à ne pas vendre n'importe quoi, pour faire du chiffre d'affaires, à des clients démunis face à la complexité de l'univers de l'assurance.

Il est donc intéressant d'écouter le candidat tout au long de l'entretien, de noter les valeurs dont il parle spontanément et les comportements qu'il privilégie.

On peut demander à un candidat : *Quelles sont les valeurs qui guident votre vie professionnelle et comment les mettez-vous en œuvre dans la vie de tous les jours ? Dans le comportement de vos collègues, quels sont ceux qui vous ont le plus choqué et pourquoi ? Comment avez-vous réagi ?*

7. L'ENTREPRISE ET LE POSTE

Chiffres d'affaires de cette d'activité – Structure de l'entreprise – Nombre de collaborateurs – Principaux produits diffusés.

- Reprenez la description de poste et commentez.
- Vérifiez s'il a son permis de conduire et la possibilité de disposer d'un véhicule.
- Vérifiez son aptitude à suivre une formation en alternance sur un an à Paris.
- Vérifiez s'il n'a eu aucune condamnation et précisez-lui qu'un casier judiciaire et une attestation sur l'honneur lui seront demandés.
- Vérifiez qu'il n'a aucune clause de non-concurrence avec un précédent employeur.
- Vérifiez sa flexibilité au niveau des horaires.
- Rémunération : expliquez précisément le système de rémunération.
- *A-t-il des questions ?*

8. CONCLUSION

- Synthèse de l'entretien.
- Vérifiez son intérêt pour le poste. *Y a-t-il des aspects particuliers qu'il souhaite aborder ?*
- Possibilité d'avoir un second entretien.
- Si candidature sélectionnée : rencontre avec le directeur régional.
- Délai de réponse : un mois.

GUIDE D'ENTRETIEN CHARGÉ(E) DE MISSION

1. Accueillir le candidat Qui suis-je ? – Objectif de l'entretien L'entreprise : position sur le marché, X personnes, X chargés de mission. Titre du poste et sa mission. Durée 1 h 30 à 2 h + plan de l'entretien.	Présentation Tenue vestimentaire
2. Les compléments par rapport à la lettre et au CV • Pour commencer parlez-moi de vous ?	Aisance verbale et relationnelle

• Que connaissez-vous de notre société ? • Pourquoi présentez-vous votre candidature chez nous ? • Les études : Quoi ? Quand ? Pourquoi ? Intérêts ? Mise en œuvre ? Autres souhaits ? • Comprendre les grandes lignes de chacun des postes : Pourquoi ? Quand ? Principales activités ? Motifs de départ ? • Questions particulières notées sur grille de présélection. • Demander copies des diplômes et certificats de travail. • Faire un point sur sa recherche d'emploi	Politesse Savoir-vivre Communicant Adaptation
3. Les critères de motivation • Que recherchez-vous dans le travail ?	
4. L'approfondissement d'une expérience	
5. Les compétences • Quels produits vendiez-vous ? • Parlez-moi de ceux que vous préfériez. • Parlez-moi de ceux que vous aimiez le moins.	Bonne structuration des idées Synthèse
• Pouvez-vous me raconter une vente qui a été particulièrement intéressante ? • Comment analysiez-vous votre marché ? • Parmi vos produits… avantages et inconvénients par rapport à la concurrence • Comment faisiez-vous pour analyser le besoin d'un client ?	Capacité d'analyse

• Racontez-moi une semaine de travail dans… ? • Comment organisiez-vous votre prospection ? • Comment organisiez-vous vos rendez-vous ? • Comment assuriez-vous le suivi de vos clients ? • Comment gériez-vous vos relances ?	Savoir s'organiser
• Comment fonctionniez-vous avec votre hiérarchie ? • Étiez-vous en contact fréquemment ? Pourquoi ?	Indépendance
• Quels logiciels ? Pour quelles activités ?	+ Compétence informatique
6. Les caractéristiques de personnalité	
• Pouvez-vous me raconter votre échec le plus cuisant ? • Pouvez-vous me raconter l'expérience qui vous a le plus appris ?	Capacité de remise en question
• Dans tel et tel (CV) travail qu'avez-vous appris ? Comment vous y êtes-vous pris ? • Quels sont les domaines que vous aimeriez approfondir ? • Si formations complémentaires, pourquoi ?	Aime apprendre Curiosité intellectuelle
• Quelle a été votre plus belle vente ? • Racontez-moi une vente qui a été particulièrement intéressante ? • Quelles sont les ventes les plus difficiles que vous ayez eu à réaliser ? • Quelle est votre progression dans un entretien de vente ? • Quelles relations établissiez-vous avec vos clients ? • Comment articuliez-vous vente et conseil ?	Capacité à conseiller Capacité à conclure
• Quel est votre objectif de rémunération ? • Quels sont les éléments matériels qui traduiront votre réussite ?	Ambition

• Quelle est la relation avec un client qui a été la plus difficile ? Pourquoi ? Que s'est-il passé ? • Quel est le client le plus embêtant que vous ayez rencontré ? • Quelle est la plus grosse colère que vous ayez piqué dans votre vie professionnelle ? • Pouvez-vous me raconter une expérience dans laquelle vous avez été confronté à de sérieuses difficultés ?	Contrôle émotionnel
• Avez-vous eu des périodes de creux dans… tel poste… ? Comment cela s'est-il passé pour vous ? • Quelle a été la plus dure ? Combien de temps maximum ont-elles duré ? • Quels sont les moyens que vous avez mis en œuvre pour garder le moral ?	Persévérance
• Quelles sont les valeurs qui guident votre vie professionnelle ? • Comment les mettez-vous en œuvre au quotidien? • Dans les comportements de vos collègues, quels sont ceux qui vous ont le plus choqué et pourquoi ? Comment avez-vous réagi ?	Éthique professionnelle
7. Présentation de l'entreprise et du poste Chiffre d'affaires, activité, vie – Structure – X collaborateurs – Produits. • Description du poste + commentaires. • Permis de conduire + véhicule. • Formation en alternance sur un an à Paris. • Condamnation + casier judiciaire + une attestation sur l'honneur. • Clause de non-concurrence. • Flexibilité au niveau des horaires. • Rémunération. • A-t-il des questions ?	

8. Conclusion	
• Synthèse. • Quelles sont les offres d'emploi pour lesquelles il a postulé ? Où en est-il dans le processus ? • Vérifier son intérêt pour le poste + aspects particuliers ? • Possibilité d'un second entretien. • Rencontre avec le directeur régional pour validation. • Délai : un mois.	

Exemple 4 : Chef d'atelier dans une unité d'extrusion de matières plastiques

1. ACCUEILLIR LE CANDIDAT : Qui suis-je ? – L'entreprise : chiffre d'affaires, position sur le marché, raisons du recrutement – Titre du poste + mission – Durée : 2 h – Plan de l'entretien.

2. LA RECHERCHE DES INFORMATIONS COMPLÉMENTAIRES par rapport au CV et à la lettre de candidature :

Il s'agit d'un poste d'agent de maîtrise dans un domaine technique qui exige une solide expérience. On peut donc commencer cette partie de l'entretien en lui demandant pourquoi il postule pour cette fonction. Cela permettra de commencer à dégager ses motivations et à vérifier s'il met l'accent sur des aspects pertinents par rapport à l'offre d'emploi. Puis on continuera en lui demandant de dresser un panorama de son parcours professionnel. Cet enchaînement permettra d'analyser la cohérence de ses propos dans les réponses aux deux questions.

Ensuite, il sera possible de poser les questions habituelles pour approfondir un parcours professionnel et une recherche d'emploi.

3. LES CRITÈRES DE MOTIVATION : *Que recherchez-vous dans un travail ?*

4. L'APPROFONDISSEMENT D'UNE EXPÉRIENCE SÉLECTIONNÉE DANS LE CV

5. LA VALIDATION DES COMPÉTENCES

Elle pourra se faire lors de l'approfondissement du parcours professionnel en posant pour les différentes activités évoquées des questions techniques sur la façon dont il procédait pour réaliser telle ou telle tâche. Exemples : *Comment procédiez-vous pour organiser le travail de vos collaborateurs ? Quelle méthode et outils utilisiez-vous pour tenir et suivre le planning de fabrication ? Comment suiviez-vous la fabrication ? Comment exerciez-vous les contrôles qui vous étaient demandés ? Comment deviez-vous réagir en cas de défauts de fabrication ? Quelle était votre action sur le matériel ?*

Il sera ensuite intéressant de lui faire faire une visite de l'atelier et de lui demander d'une part ce qu'il observe, et d'autre part les questions qu'il se pose. Cela permettra d'observer son comportement dans un atelier : va-t-il vers les autres ? Se montre-t-il « homme de terrain » ? Ses questions et observations sont-elles pertinentes ? De plus, il sera possible de valider quelques aspects supplémentaires en lui demandant après la visite : *Comment réagirez-vous en recevant une commande urgente, mais faible, d'un client important ? Que faites-vous si le conducteur d'une ligne d'extrusion vous informe que sa machine est en panne ? Quels contrôles non destructifs pouvons-nous effectuer sur nos produits ?* Notez ses premières réactions, la pertinence et la progression des dispositions prises, sa vivacité de réaction à un événement fortuit et les connaissances et compétences techniques démontrées. On peut également lui donner une procédure mal rédigée et lui demander son avis. Cela permettra d'avoir un regard sur ses compétences rédactionnelles.

6. La vérification des caractéristiques de personnalité

Lors de l'analyse du parcours professionnel, en écoutant la façon dont il parle de son métier et dont il procédait dans ses activités, on pourra déceler sa conscience professionnelle, sa capacité à prendre des initiatives et sa rigueur. On pourra, lors des questions sur la maintenance, détecter s'il est un bricoleur et met « la main à la pâte ».

Il reste, si l'on n'a pas obtenu de certitude lors des étapes précédentes de l'entretien, huit caractéristiques à vérifier :

- Grande capacité de travail.

Qu'est-ce, pour lui, qu'une journée bien remplie ? Exemples ? Comment organise-t-il une journée, une semaine ? Quel est son seuil de saturation ? Comment le sait-il ? Peut-il parler d'une période où il a abattu beaucoup de travail ?

- Diplomatie.

A-t-il vécu des situations nécessitant de s'adapter à des clients ou autres interlocuteurs ? Exemples de cas où cela s'est bien passé ? Exemples de cas où cela s'est mal passé ? Quels types de relations aime-t-il établir avec ses interlocuteurs professionnels ? (Exemples)

- Sens des responsabilités.

Que signifie pour lui être responsable d'un atelier ? Quelle est la limite ? Comment procède-t-il quand il se trouve confronté à un problème qu'il n'arrive pas à résoudre ? (Exemples) Quand considère-t-il qu'il a pleinement rempli son rôle ? (Exemples) Quelles sont les situations où il n'a pas été content de lui ?

- Créatif.

Quelles sont dans son ou ses postes précédents les améliorations/innovations qu'il a apportées ? Quels ont été les résultats ?

- Désir d'évoluer dans son métier.

Quels sont ses objectifs professionnels ? En quoi le parcours professionnel qu'il a suivi sert-il ses objectifs ? En quoi le poste proposé procède-t-il de son évolution ? Que signifie pour lui évoluer ?

- Ouvert aux techniques et situations nouvelles.

Comment se perfectionne-t-il dans son métier ? Quelles sont les techniques nouvelles auxquelles il a été confronté et que s'est-il passé pour lui ? Quelles sont les situations qui ont été déroutantes ? Le poste va nécessiter l'acquisition de connaissances complémentaires, il sera donc possible de lui demander après la description de celui-ci : lesquelles ? Comment pense-t-il y parvenir ?

- Respect des hommes.

Cette caractéristique se vérifiera tout au long de l'entretien dans sa façon de parler des autres : hiérarchie, collaborateurs, collègues, clients.

- Aptitude à animer et diriger une équipe.

Comment managiez-vous vos collaborateurs ? Quels conflits avez-vous eu à régler ? Comment cela s'est-il passé ? Comment formiez-vous vos collaborateurs ? Quelles informations donniez-vous à votre équipe ? Comment remplissiez-vous le rôle de relais ascendant et descendant entre votre hiérarchie et vos collaborateurs ? Fixiez-vous des objectifs ? Lesquels ? Comment ? Qu'attendez-vous de votre hiérarchie? Lors de cette partie de l'entretien, on pourra également valider l'équité dans la répartition des tâches : comment évaluiez-vous les charges de travail de vos collaborateurs ? Comment vérifiez-vous que celles-ci étaient justes ? Un membre de votre équipe s'est-il plaint de travailler plus que les autres ? Qu'avez-vous fait ? Comment faisiez-vous lorsque vous détectiez qu'un ou plusieurs collaborateurs travaillaient moins que les autres ?

7. PRÉSENTATION DE L'ENTREPRISE ET DU POSTE

- Approfondissez la présentation faite lors de l'accueil par un historique de l'entreprise, et donnez des précisions sur les produits fabriqués, l'organisation, le nombre de collaborateurs et l'état d'esprit.
- Présentez la description du poste et commentez-la.
- Expliquez le statut et la rémunération.
- Mettez l'accent sur le travail posté et l'importance de la flexibilité au niveau des horaires.
- Vérifiez le moyen de transport.
- *A-t-il des questions ?*

8. CONCLUSION

- Synthèse de l'entretien.
- Vérifiez son intérêt pour le poste.
- Délai de réponse : trois semaines.

GUIDE D'ENTRETIEN CHEF D'ATELIER

1. Accueillir le candidat • Qui suis-je ? – L'entreprise : chiffre d'affaires, position sur le marché, raisons du recrutement – Titre du poste + mission – Durée : 2 h – Plan de l'entretien.	
2. Les compléments par rapport à la lettre et au CV • Pourquoi postulez-vous pour cette fonction ? • Pouvez-vous me dresser un panorama de votre parcours professionnel ? • Les études : Quoi ? Quand ? Diplômes ? Intérêts ? Mises en œuvre ? Autre souhaits ? • Creusez chacun des postes en rapport avec le poste proposé : Quoi ? Pourquoi ? Quand ? Principales activités ? Résultats ? Préférences ? Ennui ? Environnement ? Hiérarchie ? Collègues ? Motifs de départ ? • Comment procédiez-vous pour organiser le travail de vos collaborateurs ? • Quelles méthodes et outils utilisiez-vous pour la planification de la production ? • Comment suiviez-vous la fabrication ? • Comment exerciez-vous les contrôles demandés ? • Comment deviez-vous réagir si défauts de fabrication ? • Quelle était votre action sur le matériel ?	Gestion de production Ordonnancement Maintenance Métrologie Techniques qualité Mécanique et électromécanique Expérience en management Conscience professionnelle Respect des hommes Initiative Rigueur Bricoleur

• Questions notées sur la grille de présélection ? • Point sur sa recherche d'emploi. • Demander copie des diplômes et certificats de travail.	
3. Les critères de motivation • Que recherchez-vous dans le travail ?	
4. Les compétences • Faire faire une visite de l'atelier • Comment réagirez-vous en recevant une commande urgente/faible/client important ? • Que faites-vous si un conducteur vous informe que sa machine est en panne ? • Quels contrôles non destructifs pouvons-nous effectuer sur nos produits ?	Pertinence des réactions
• Procédure mal rédigée à commenter	Aisance rédactionnelle technique
5. Les caractéristiques de personnalité • Qu'est-ce que, pour vous, une journée bien remplie ? • Comment organisez-vous une journée, une semaine ? • Quel est votre seuil de saturation ? Comment le savez-vous ? • Pouvez-vous parler d'une période où vous avez abattu beaucoup de travail ?	Grande capacité de travail
• Avez-vous vécu des situations nécessitant de s'adapter à des clients ou autres interlocuteurs ? • Exemples où cela c'est mal passé ? • Quels types de relations aimez-vous établir avec vos interlocuteurs professionnels ? Exemples ?	Diplomatie

• Que signifie pour vous être responsable d'un atelier ? • Quelle est la limite ? • Comment procédez-vous quand vous êtes confronté à un problème que vous n'arrivez pas à résoudre ? • Quand considérez-vous que vous avez rempli pleinement votre rôle ? • Quelles sont les situations où vous n'avez pas été content de vous ?	Sens des responsabilités
• Quels sont les améliorations/innovations que vous avez apportées ? Quels ont été les résultats ?	Créatif
• Quels sont vos objectifs professionnels ? • En quoi votre parcours professionnel sert-il vos objectifs ? • En quoi le poste proposé procède-t-il de votre évolution ? • Que signifie, pour vous, évoluer ?	Désir d'évoluer dans son métier
• Comment vous perfectionnez-vous dans votre métier ? • Quelles sont les techniques nouvelles auxquelles vous avez été confronté ? Comment cela s'est-il passé ? • Quelles sont les situations qui ont été déroutantes?	Ouvert aux techniques et situations nouvelles
• Comment managiez-vous vos collaborateurs ? • Quels conflits avez-vous eu à régler ? • Comment formiez-vous vos collaborateurs ? • Quelles informations donniez-vous à votre équipe? • Qu'attendez-vous de votre hiérarchie ? • Comment remplissiez-vous le rôle de relais ? • Fixiez-vous des objectifs ? Lesquels ? Comment ? • Comment évaluiez-vous les charges de travail ? • Comment vérifiez-vous leur juste répartition ? • Un membre de votre équipe s'est-il plaint de travailler plus que les autres ? Qu'avez-vous fait ?	Aptitude à animer et diriger une équipe Équité

• Comment faisiez-vous lorsque vous détectiez qu'un collaborateur travaillait moins que les autres ?	
6. Présentation de l'entreprise et du poste • Historique – Produits fabriqués – Organisation – Nombre de personnes – État d'esprit. • Description du poste. Travail posté • Statut-Rémunération • Quelles connaissances complémentaires pensez-vous avoir à acquérir pour ce poste ? • Questions ?	Flexibilité horaires Moyen de transport
7. Conclusion • Synthèse. • Vérifier son intérêt pour le poste. • Délai de réponse : trois semaines.	

Respecter sept règles pour réussir ses entretiens

1. *Utilisez efficacement votre guide d'entretien.* Le canevas que vous avez établi a pour objectif de vous garantir contre les oublis, de vous aider à focaliser votre attention sur des aspects particuliers lorsque vous posez une question et d'avoir l'assurance que vous ne vous trouverez pas démuni. Toutefois, un guide n'est pas un carcan et un entretien de recrutement n'est pas un interrogatoire. Si vous suivez votre guide à la lettre, vous risquez de regarder davantage vos papiers que le candidat. Ce qui n'est pas le but. Il doit vous permettre d'être disponible pour le candidat. Le simple fait de l'avoir préparé vous permettra d'en mémoriser une grande partie. Vous pourrez, lorsque vous en sentirez le besoin, le consulter pour garder la maîtrise de la progression de l'entretien, et vous assurer de ne rien oublier.
2. *N'hésitez pas à montrer aux candidats que vous suivez une trame pour mener votre entretien.* Cela vous permettra de vous référer au guide

d'entretien sans gêne. Ils percevront cela comme une démarche professionnelle et seront même rassurés.

3. Un entretien de recrutement nécessite beaucoup de concentration et de disponibilité. *Prévoyez donc un endroit au calme où vous ne serez pas dérangés*, coupez votre téléphone (sans oublier le portable).

4. Dans cette situation vous remplissez plusieurs rôles. Vous êtes à la fois observateur du candidat ainsi qu'acteur et observateur de la relation qui s'établit. Vous devez de ce fait gérer un équilibre entre implication et recul. Pour vous aider à gérer cette problématique, *la prise de notes pendant l'entretien est essentielle*. d'une part, elle vous libère de la nécessité de mémoriser et cela sera très utile pour l'exploitation ultérieure des données collectées. D'autre part, elle vous canalise dans l'implication car écrire vous amène à prendre du recul. Notez à l'aide de mots clés les réponses des candidats qui vous semblent essentielles ainsi que vos observations. Cela vous aidera à reconstituer l'entretien et à en faire l'analyse

5. *Respectez les candidats*. Il n'est pas pertinent de faire attendre un candidat au-delà de l'heure fixée pour le rendez-vous pour voir comment il réagit ou parce que vous avez d'autres priorités. Il y a d'autres moyens plus corrects. Si vous avez vraiment une urgence, informez le candidat des raisons et de la durée du retard, vérifiez que cela ne lui pose pas de problème et, éventuellement, reportez le rendez-vous pour pouvoir le réaliser dans de bonnes conditions.

6. Un entretien (s'il est mené jusqu'au bout) doit se situer, selon la complexité du poste, dans une fourchette comprise *entre une heure et deux heures.*

7. *N'hésitez pas à faire une pause* si vous sentez une baisse de concentration tant chez le candidat que pour vous-même.

Gérer quelques situations particulières

Le candidat est très tendu

Au début de l'entretien ou même pendant son déroulement, il arrive fréquemment que les candidats soient extrêmement contractés. Une bonne technique pour les détendre est de « synchroniser-guider ». Prenez à peu près la même position que la sienne, puis tout doucement dirigez-vous vers une position plus confortable, une respiration plus ample jusqu'au moment où vous voyez la posture, l'attitude du candidat se modifier. Poursuivez jusqu'à ce qu'il ait réduit de façon significative ses tensions. Si vous avez bien pris la même position de départ, inconsciemment il vous suivra dans les changements que vous y apporterez.

Le candidat ne parle pas

Il peut arriver qu'une personne très timide, émotive ne parvienne pas à s'exprimer. Cela est fréquent chez des candidats jeunes ou ayant eu rarement l'occasion de vivre un entretien d'embauche. Dans ce cas, commencez l'entretien avec des questions fermées, simples, puis élargissez progressivement le champ, le temps de la « mise en route ». Toutefois, si malgré tous les efforts que vous déployez, son mutisme persiste, il peut être utile d'être un peu agressif avec la personne pour tenter de l'amener à modifier son comportement. Signifiez-lui que vous avez besoin d'avoir un certain nombre d'informations et que, dans la mesure où vous ne pouvez les obtenir, vous allez être amené à clore cet entretien. L'effet électrochoc fonctionne habituellement assez bien.

Le candidat n'apporte spontanément aucune information sur sa vie privée

Comme cela a été mentionné précédemment, vous ne pouvez poser à un candidat que des questions qui ont un lien direct avec l'emploi proposé. Vous n'avez pas le droit d'enquêter sur sa vie privée. La plupart du temps, les candidats parlent spontanément de leur situation de famille, de leurs loisirs, de leurs centres d'intérêt et de leurs activités associatives ou sportives. Il est bien évident qu'une connaissance minimum du contexte privé apporte un éclairage intéressant sur un candidat. D'autant que nous appartenons à une culture qui ne met pas de barrières étanches entre vie privée et vie professionnelle. Dans un certain nombre de cas, il est important de vérifier si la personne aura effectivement la possibilité d'être flexible au niveau des horaires ou mobile géographiquement. Cela peut être considéré comme ayant un lien direct avec l'emploi et vous pouvez donc lui poser des questions sur ces aspects et lui demander si cela est compatible avec ses contraintes personnelles. Sinon, posez vers la fin de l'entretien une question ouverte neutre du type : *Et vous, qui êtes-vous ?* Cela créera un espace pour que la personne parle de la partie de sa vie autre que professionnelle. Il vous sera alors possible de poursuivre les échanges sur ce sujet, en restant dans des limites très strictes.

Le candidat s'est présenté seulement pour justifier de sa recherche d'emploi auprès de l'ANPE

Il arrive que certains demandeurs d'emploi ne recherchent pas un travail. Ils répondent aux convocations pour justifier leur recherche d'emploi auprès de l'ANPE. Si vous percevez cet objectif chez un candidat, demandez-lui franchement quelle est la réalité de sa motivation pour le poste. Si de façon claire ou dissimulée le candidat démontre que cette motivation n'existe pas, arrêtez l'entretien et expliquez-lui qu'en raison de son manque de motivation, il est préférable de ne pas poursuivre.

Le candidat n'a apporté qu'une partie des documents demandés

Il arrive que les documents demandés soient en partie absents du dossier apporté par le candidat. La première étape est de lui en demander les raisons et d'écouter ses justifications. Si elles sont plausibles et cohérentes, il vous faut préciser au candidat que vous souhaitez les obtenir dans un délai d'une semaine, par exemple, pour donner suite à sa candidature, puis poursuivez l'entretien. Si les explications semblent incohérentes, dites-le au candidat et essayez de chercher où est le problème. Dans le cas où il avoue avoir enjolivé son CV, demandez-lui pourquoi, mesurez la nature et l'ampleur du « délit » et évaluez si vous poursuivez ou non l'entretien. Dans le cas où il persisterait dans ses explications pour le moins douteuses, approfondissez au maximum le questionnement. S'il s'agit d'un diplôme : *Où ? Quand ? Comment ? Quelles épreuves ? Quels thèmes ? Quelles notes ? Quels examinateurs ?* etc. S'il s'agit d'emplois, la démarche est la même. Votre conviction une fois établie, arrêtez ou poursuivez l'entretien comme évoqué précédemment.

Le candidat « débite » son argumentaire

Quelle que soit la question que vous posez, le candidat suit la trajectoire qu'il avait préparée. Ce sont souvent des personnes qui, par crainte de l'imprévu, « sur-préparent » leurs entretiens de recrutement. Il en résulte un manque total d'écoute du recruteur. Deux possibilités s'offrent à vous : vous le laissez parler jusqu'à ce qu'il ait épuisé son discours et vous collectez un maximum d'informations; ou vous l'arrêtez en le priant de répondre à vos questions. Il est fréquent que ces personnes aient une bonne capacité à suivre des consignes et procédures. Elles sont à l'aise dans un cadre bien structuré. Cela correspond-il à votre profil ?

Vous pouvez également lui poser des questions rapides et rapprochées pour le « sortir » de sa préparation.

Le candidat est gêné par une demande d'informations auprès d'un employeur précédent

Comme nous l'avons évoqué lors de la description du processus de recrutement, il est fort intéressant de demander à un candidat des coordonnées de personnes à contacter dans les entreprises où il a exercé ses précédents emplois. La plupart fourniront ces références sans hésiter. Certains seront, pour un ou plusieurs postes, mal à l'aise. Attention aux jugements hâtifs en la matière. Plusieurs causes sont possibles. Il peut y avoir eu des problèmes relationnels entre la personne et le hiérarchique concerné. Il est également possible qu'il y ait faute professionnelle du candidat. Une fois encore, il est indispensable d'approfondir ce point particulier de façon à avoir une parfaite connaissance des faits. S'il s'agit de problèmes relationnels, le candidat en parle généralement assez facilement. Il faudra alors déterminer si le problème est dû à une incompatibilité de personnes ou à une problématique particulière du candidat qui risque de se reproduire. Questionnez-le jusqu'à ce que vous ayez compris les tenants et aboutissants de la situation. Vous devez tout savoir sur ce qui s'est réellement passé de façon à pouvoir, une fois encore, forger votre intime conviction. Il est important de savoir si le candidat porte la responsabilité de difficultés relationnelles ou s'il s'est trouvé en présence d'un hiérarchique doté d'une personnalité particulière, voire « caractérielle » et ayant des comportements difficilement acceptables avec ses collaborateurs. S'il s'agit d'une faute professionnelle, il est bien évident que le candidat ne l'évoquera pas spontanément. Le fait de lui indiquer clairement que vous avez l'habitude de contacter les anciens employeurs des candidats que vous rencontrez l'amènera à raconter ce qui s'est passé. À vous de le pousser respectueusement dans ses derniers retranchements jusqu'à ce vous obteniez l'information recherchée : Que s'est-il réellement passé ? Un bon moyen pour réussir est d'expliquer à un candidat qu'une faute professionnelle n'est pas une condamnation à vie. Cela peut créer un espace de communication qui lèvera ses craintes. À vous, ensuite, d'évaluer le degré d'acceptabilité par rapport à vos critères. Enfin, dernière hypothèse, les réponses obtenues ne vous semblent pas claires et vous n'obtenez pas d'informations spontanées et crédibles. Informez la personne de vos doutes et interrogations. Si elle ne change pas de comportement, arrêtez l'entretien en invoquant un manque de transparence parfaitement incompatible avec la collaboration que vous envisagez.

Le candidat, de façon manifeste, ne correspond pas à votre besoin

Il n'est pas facile de dire à une personne, plus ou moins tôt dans le déroulement d'un entretien de recrutement, qu'elle ne correspond pas au profil du poste. Comme cela a été évoqué précédemment, il est préférable d'arrêter l'entretien et d'en expliquer le pourquoi à la personne, plutôt que de l'écourter sans explications. Appuyez-vous sur des données objectives, faites le point avec elle et concluez par un commun accord sur sa non-adéquation avec le poste proposé.

Le candidat fond en larmes

Les pleurs sont la manifestation d'une extrême tension émotionnelle. Si un candidat fond en larmes pendant l'entretien, plusieurs causes sont envisageables : la première est qu'il a peut-être des problèmes personnels et que le stress de la situation est trop fort; la deuxième, qu'il est affectivement touché par une recherche d'emploi éprouvante; la troisième, que vous avez créé une tension trop forte pour lui. Quelle que soit la cause, faites une pause dans le processus de l'entretien, essayez de comprendre la cause de son désarroi, donnez-lui le temps et la possibilité de récupérer. Ensuite, évaluez la situation par rapport au collaborateur que vous recherchez et déterminez si cette réaction est compatible ou contradictoire avec le profil de la personne que vous recherchez.

Le candidat dont les revenus sont plus élevés au chômage

Il peut arriver que la personne que vous rencontrez ait des revenus plus élevés au chômage que la rémunération que vous lui proposez. Cette situation est source de nombreux échecs de recrutement. Tout d'abord, comment le savoir ? Lorsque vous approfondissez le CV du candidat, il peut apparaître que la teneur du poste ou l'ancienneté vous amène à vous poser la question de la cohérence de la rémunération que vous offrez avec celle perçue par celui-ci. Auquel cas n'attendez pas la fin de l'entretien pour évoquer cet aspect. Abordez-le très rapidement en demandant tout simplement au candidat la rémunération qu'il souhaite et pourquoi. Puis évoquez le salaire que vous proposez. Utilisez alors des questions influencées du type : *Je me pose des questions par rapport à votre niveau actuel, n'est-ce pas incompatible ?* Vous déterminez ainsi si votre offre est acceptable à terme par le candidat et pourquoi.

Le candidat accepte une baisse de revenus

Un certain nombre de raisons peuvent amener une personne à être intéressée par un poste, bien que la rémunération soit inférieure à celle perçue dans son poste actuel ou celui occupé précédemment. L'une des raisons peut être une longue période de chômage; il est important dans ce cas de vérifier que la baisse de revenus ne sera pas source de frustration, de dévalorisation et donc de démotivation à terme. L'autre peut être liée à des choix de vie; par exemple : habiter dans le Sud, travailler moins, faire un travail plus intéressant... Dans tous les cas, il est important de vérifier les motivations et la conviction du candidat.

Le jeune candidat vient à l'entretien accompagné de sa mère

Il n'est pas rare de voir un jeune candidat accompagné de sa mère. La présence des pères est très rare. Dans ce cas, demandez à la mère gentiment mais fermement d'attendre à l'extérieur du lieu de l'entretien. Faites le point avec le candidat sur les raisons de son accompagnement et vérifiez qu'il n'y a pas d'incompatibilité avec le poste, notamment en termes de maturité et d'autonomie.

CHAPITRE 6

Choisir le candidat

Le crible de l'entretien permet de sélectionner
un nombre limité de candidats répondant aux critères fixés.
Le choix définitif est effectué en vous appuyant
sur des données objectives, comparables et hiérarchisées.
Elles seules permettront de départager les finalistes
et de faire émerger le... bon.

Analyser les candidatures

L'analyse approfondie de l'entretien réalisé avec le candidat est un crible dont les mailles sont très serrées. Vous devez pouvoir, après cette étape du processus de recrutement, déterminer avec certitude si le candidat correspond à votre besoin.

Appliquez les deux conseils suivants pour réaliser efficacement cette phase :

- Prenez le temps d'analyser l'entretien aussitôt après le départ du candidat pendant que vous avez encore tout dans la tête.
- Faites-le avant de recevoir un nouveau candidat car les risques de confusion sont grands et ils peuvent pénaliser la qualité de votre travail.

Cette analyse comporte six phases.

Exploiter les notes prises pendant l'entretien

Vous avez noté tout au long de l'entretien quelques mots ou des phrases prononcées par le candidat dans ses réponses et selon ses réactions ainsi que vos propres observations. Il s'agit maintenant de mettre tout cela en forme pour trier et stabiliser les informations recueillies. Relisez celles-ci et, sur une feuille séparée, inscrivez toutes les informations collectées, comme si vous faisiez un compte rendu d'entretien.

Analyser les critères de motivation

Le système de motivation d'une personne, comme nous l'avons expliqué plus avant, détermine la nature de son investissement dans sa vie professionnelle. Faites le point des réponses apportées par le candidat lors de cette phase de l'entretien et posez-vous les questions suivantes :

- Les critères énoncés reflètent-ils une structure riche ou pauvre ?
- Traduisent-ils un degré d'investissement dans le travail cohérent avec celui recherché ?
- Les critères énumérés sont-ils cohérents avec le poste proposé ? Certains sont-ils incompatibles ?
- Quels sont ceux risquant d'être source de démotivation en fonction du poste proposé et de son environnement ?
- Un ou plusieurs critères du candidat sont-ils identiques ou proches des miens ?
- Les motivations développées par ailleurs sont-elles cohérentes avec les critères énoncés ?
- Le candidat a-t-il évoqué ses critères à plusieurs reprises tout au long de l'entretien.

Faire un bilan des compétences et caractéristiques de personnalité par rapport au profil du poste

Prenez une fiche « profil de poste » vierge. Vous avez pu remarquer, lors de l'élaboration du profil, sur le document présenté, qu'une ligne était réservée au nom du candidat afin de pouvoir l'utiliser pour chaque candidature à la suite de l'entretien. Cochez toutes les compétences et caractéristiques détectées chez le candidat et barrez celles qui ne lui correspondent pas.

Vous allez peut-être découvrir que, sur certains points vous n'avez pas complètement établi votre conviction ou que vous n'avez pas de réponse clairement définie, qu'elle soit positive ou négative. Dans ce cas, mettez un point d'interrogation en marge de cet élément du profil. Si en fin d'analyse, le candidat retient encore toute votre attention, vous aurez la possibilité de compléter votre collecte d'informations lors d'un second entretien, sujet que nous aborderons ultérieurement.

Ajoutez dans les différentes rubriques de votre fiche les compétences et caractéristiques personnelles du candidat, qui ne sont pas dans le profil mais que vous avez néanmoins perçues lors de l'entretien.

Vous aurez ainsi un résumé structuré vous donnant une vision d'ensemble du candidat.

Analyser les compétences et les caractéristiques de personnalité

Ce travail passe par un certain nombre d'interrogations :

- Quelles sont les compétences souhaitées mais que la personne ne possède pas ? Quelles en seront les conséquences ?
- Quelles sont les compétences supplémentaires ? Quelles en seront les conséquences ? Il est important de mesurer les avantages et les inconvénients de ce type de situation. En effet, recruter une personne surqualifiée pour un poste est souvent une erreur. Elle risque de s'ennuyer très rapidement ou d'avoir la sensation de perdre sa valeur professionnelle. À terme, une possibilité d'évolution ou d'enrichissement de la fonction permettant une mise en œuvre de ces savoir-faire est-elle envisageable ?
- Quelles sont les caractéristiques de personnalité qui ne sont pas en adéquation avec le profil ? Quelles en sont les conséquences ?
- Quelles sont les caractéristiques de personnalité complémentaires, hors profil, décelées ? Quelles en seront les conséquences ?

Quelles sont mes impressions sur le candidat ?

Voici, enfin, un espace pour l'irrationnel, le feeling. Notez tout ce qui vous vient à l'esprit, laissez libre court à votre subjectivité. Cela donnera des impressions du type : Elle est vraiment super ! Quel bel homme !

Quel prétentieux ! Je n'ai vraiment pas envie de bosser avec quelqu'un qui manque à ce point de gaieté ! Je déteste son parfum ! etc.

Penchez-vous maintenant sur la nature de ce feeling. Est-il positif ou négatif ? Quel a été son rôle dans l'entretien. Validez votre degré d'objectivité autant que faire se peut.

Il est bien évident qu'à un niveau qualitatif équivalent par rapport à votre besoin, il est préférable de travailler avec quelqu'un avec qui l'on se sent bien.

Comment faut-il le manager ?

Cette question apporte un autre regard sur le candidat. Manager, c'est entre autre motiver, déléguer, former… De quel style de management a besoin ce collaborateur pour donner le meilleur de lui-même ? Est-ce cohérent avec mon propre style de management et avec l'équipe dans laquelle la personne va s'intégrer ?

Est-ce que je retiens la candidature ?

Vous avez maintenant toutes les informations pour asseoir et conforter votre décision. Toutefois plusieurs possibilités s'offrent à vous. Faites trois piles de dossiers sur votre bureau.

Première pile : vous avez toutes les informations et le candidat correspond effectivement à votre besoin. Gardez son dossier précieusement en attente sur votre bureau et attendez évidemment d'avoir reçu tous les candidats afin de faire une analyse comparative des candidatures retenues.

Deuxième pile : vous n'avez pas toutes les informations soit parce que vous n'avez pas réussi à les détecter, soit parce que vous les avez oubliées. Cette candidature reste *a priori* intéressante. Mettez son dossier sur cette deuxième pile et attendez d'avoir reçu les autres candidats avant de convoquer cette personne pour un éventuel second entretien.

Troisième pile : vous avez toutes les informations et le candidat n'est pas en adéquation avec le profil du poste. Mettez son dossier sur la pile des réponses négatives pour l'informer de votre décision.

Après avoir reçu en entretien tous les candidats que vous aviez présélectionnés, vous aurez donc trois catégories de dossiers sur votre bureau :

1. *Ceux qui vous intéressent vraiment*

Premier cas, il y en a un seul, convoquez-le pour un second entretien le plus rapidement possible afin qu'il ne vous échappe pas.

Deuxième cas, il y en a plusieurs, convoquez-les pour un second entretien afin d'affiner votre choix et avoir les données nécessaires pour les départager.

Troisième possibilité, la pile est vide. Vous n'avez pas trouvé la perle que vous cherchiez.

2. *Ceux qui vous intéressent mais pour lesquels il vous manque un certain nombre d'informations pour asseoir votre décision*

Convoquez-les pour un second entretien afin de compléter votre analyse.

3. *Ceux dont vous ne retenez pas la candidature*

Préparez, tout de suite, un courrier pour les informer de votre décision.

La pénurie de candidats est extrêmement frustrante pour le recruteur. Si tel est votre cas, commencez par analyser vos sources de candidatures : Avez-vous choisi la ou les bonnes filières ? Avez-vous utilisé toutes les filières possibles ? Quels ajustements pouvez-vous opérer ? Si la réponse aux trois questions est positive, il va vous falloir modifier votre profil et votre champ d'investigation. Par exemple : Comment pouvez-vous élargir le champ des candidats potentiels ? Y a-t-il des parcours professionnels connexes qui pourraient correspondre à votre besoin ? Y a-t-il des compétences dans le profil que vous pouvez supprimer et que la personne pourra acquérir par une formation spécifique.

Prendre des références auprès des employeurs précédents

Cette démarche est importante pour obtenir des informations complémentaires sur un candidat. Elle n'est pas utilisée de façon systématique et cela est regrettable.

Quelques règles sont à connaître pour effectuer valablement une prise de références :

- Toujours demander au candidat les personnes qu'il est possible de contacter dans les postes précédents au cours de l'entretien et non sur un dossier de candidature afin d'observer ses comportements et d'analyser la nature des informations apportées.
- Ne jamais demander de références relevant de la vie privée.
- Se souvenir qu'il est interdit de donner des informations négatives sur une personne. La règle tacite consiste :
  - soit à donner des informations positives, voire élogieuses, lorsque la personne a occupé valablement et efficacement son poste;
  - soit à informer le demandeur que l'on ne souhaite pas donner d'informations sur cette personne. Dans ce cas, la démarche consiste à donner son nom et ses coordonnées à son correspondant afin qu'il puisse vous rappeler ou à lui proposer une rencontre. Toutefois, la réponse ne doit pas pour autant accabler d'emblée le candidat de tous les maux. Il va alors falloir comprendre la raison de cette réponse. Comme nous l'avons évoqué précédemment, des difficultés dans un poste peuvent avoir des origines diverses. Toutefois si le candidat n'a évoqué aucune difficulté particulière lors de l'entretien… il est important d'en savoir davantage !

Approfondir la candidature à l'aide d'un second entretien

Un second entretien est souvent nécessaire pour valider une décision aussi importante que celle de recruter un collaborateur. Même s'il n'en reste qu'un. Cet entretien sera très différent du premier. Tout d'abord parce que vous avez rencontré tous les candidats présélectionnés. Votre regard ne sera plus le même, surtout s'il s'agit du premier candidat rencontré. Ensuite votre « œil » sera plus exercé et certaines questions auxquelles vous n'aviez pas pensé auront émergé entre-temps.

Ce second entretien doit être en partie préparé. Reprenez, avant de recevoir la personne, l'ensemble de son dossier et élaborez un nouveau guide d'entretien comportant toutes les questions complémentaires que vous désirez poser ainsi que leur objectif. Il s'agit, problématique de tous les entretiens, de savoir commencer, faire progresser et conclure. Le candidat, sachant qu'il est parmi les finalistes, sera plus décontracté. Mais il sera également plus concentré sur la façon dont il va procéder pour emporter votre décision. Cet entretien est donc beaucoup plus subtil que le premier. Soyez encore plus attentif.

Commencez l'entretien en expliquant au candidat les raisons qui motivent votre décision d'aller plus loin et de mieux le connaître. Soyez clair avec lui sur la « concurrence ». Poursuivez par les questions que vous avez à poser.

Donnez-lui la parole pour qu'il expose ses réflexions sur le poste et sur ses motivations l'amenant à continuer avec vous ce processus de recrutement.

Enfin, terminez par une discussion à bâtons rompus en fonction de vos centres d'intérêt et des siens afin d'élargir le contexte de vos échanges. Cela vous permettra de détecter d'autres éléments de sa personnalité.

Et, surtout, n'oubliez pas de prendre des notes pour l'exploitation ultérieure de cet entretien.

Lorsque ce second entretien a pour objectif de compléter votre information, parce que vous n'aviez pas tous les éléments pour réaliser une analyse complète de la candidature; votre approche va être différente. Commencez l'entretien en précisant son objectif : compléter votre information. En effet, le candidat n'est qu'en demi-finale et il doit le savoir.

Puis, posez toutes les questions que vous avez préparées. Vous pouvez être confronté à deux situations. Premièrement l'éclairage apporté par ce complément d'informations vous permet de constater que le candidat ne correspond pas à votre besoin. Selon la situation, informez tout de suite le candidat de votre décision et de ses raisons. Deuxièmement, votre intérêt pour le profil de la personne se confirme mais vous avez encore besoin de comparer sa candidature aux autres en piste. Après la collecte des informations qui vous manquaient, abordez alors son intérêt et ses motivations pour le poste et son environnement afin d'enrichir votre « base de données ». Les informations complémentaires obtenues font que vous le considérez alors comme un des finalistes. Poursuivez l'entretien comme mentionné précédemment.

Comme cela a été évoqué dans le chapitre premier sur le processus de recrutement, le candidat peut être amené à rencontrer une autre personne de l'entreprise ou à suivre un véritable parcours comportant plusieurs rencontres avec des collaborateurs de l'entreprise. Il est de l'intérêt de tous que les différentes personnes impliquées ne parlent pas de leurs perceptions avant la rencontre avec le candidat afin de ne pas influencer leurs évaluations. Comparez les observations et faites émerger clairement les consensus et les divergences. Cela pourra également nourrir votre second entretien.

FICHE D'ANALYSE D'UNE CANDIDATURE

Commentaires

1. Analyse des critères de motivation. Sont-ils cohérents avec le poste ? l'équipe ? l'entreprise ?

....

2. Quelles sont les compétences définies dans le profil que le candidat ne possède pas ? Quelles sont les conséquences ?

....

3. Quelles sont les compétences supplémentaires détectées ? Quelles sont les conséquences ?

....

4. Quelles sont les caractéristiques de personnalité définies dans le profil, que le candidat ne possède pas ? Quelles sont les conséquences ?

....

5. Quelles sont les caractéristiques de personnalité supplémentaires détectées ? Quelles sont les conséquences ?

....

6. Comment faut-il le manager ?

....

7. Quelles sont mes impressions sur le candidat ?

....

8. Y a-t-il des aménagements à prévoir pour intégrer ce candidat ?

Rappel sur la législation article L. 122-45

« Aucune personne ne peut être écartée… ne peut être sanctionnée, licenciée ou faire l'objet d'une mesure discriminatoire… en raison de son origine, de son sexe, de ses mœurs, de son orientation sexuelle, de son âge, de sa situation de famille, de ses caractéristiques génétiques, de son appartenance ou de sa non-appartenance, vraie ou supposée, à une ethnie, une nation ou une race, de ses opinions politiques, de ses activités syndicales ou mutualistes, de ses convictions religieuses, de son apparence physique, de son patronyme ou en raison de son état de santé ou de son handicap…

En cas de litige relatif à l'application des alinéas précédents, le salarié concerné ou le candidat à un recrutement, à un stage ou à une période de formation en entreprise présente des éléments de fait laissant supposer l'existence d'une discrimination directe ou indirecte. Au vu de ces éléments, il incombe à la partie défenderesse de prouver que sa décision est justifiée par des éléments objectifs étrangers à toute discrimination. Le juge forme sa conviction après avoir ordonné, en cas de besoin, toutes les mesures d'instruction qu'il estime utiles. Toute disposition ou tout acte contraire à l'égard d'un salarié est nul de plein droit. »

Se décider pour un candidat

Il est toujours préférable de réfléchir avant d'agir. Aussi, prenez le temps d'analyser le second entretien selon les mêmes modalités que le premier. Affinez votre analyse pour chaque candidat et déterminez si vous souhaitez le recruter. Deux possibilités s'offrent à vous :

- soit *il n'y en a qu'un*, et ce sera celui-là. Téléphonez-lui aussitôt et envoyez-lui une confirmation d'embauche;
- soit *il y en a plusieurs*, comparez alors les informations collectées sur chacun des finalistes. Hiérarchisez vos critères, c'est-à-dire établissez des priorités et faites ressortir ceux qui sont pour vous les plus importants. Puis, sur la base de cette hiérarchie de critères, comparez les candidats et déterminez celui qui est le plus proche du candidat idéal. Certains recruteurs attribuent des points ou des coefficients à chacun des critères, puis font le total des notes obtenues pour chaque candidat et retiennent celui qui a le meilleur

score. Cette pratique peut aider utilement les personnes en difficulté pour prendre une décision.

Il est bien évident que vous devez informer les candidats qui ne sont pas sélectionnés. Prenez le temps de faire un courrier qui ne soit pas seulement une lettre de type administratif et impersonnelle. Le candidat est venu à deux entretiens, cela mérite quelques égards.

Vous pouvez notamment lui préciser que vous l'aviez informé lors de votre dernier entretien que plusieurs personnes étaient en « finale » et que votre choix s'est porté sur un candidat correspondant davantage au profil recherché. Remerciez-le de la qualité des contacts que vous avez eus… Et, enfin, souhaitez-lui bonne chance dans sa recherche d'emploi.

Si la raison de votre choix porte sur une compétence technique particulière, mentionnez-le dans le courrier, cela fera plaisir au candidat d'identifier la cause du rejet de sa candidature.

Vous êtes soumis à plusieurs obligations légales.

Un candidat a parfaitement le droit de demander :

- les motifs pour lesquels il n'a pas été sélectionné;
- les résultats d'une analyse graphologique ou tout autre test qui aurait été utilisé dans le processus de recrutement.

Vous savez que le choix d'un candidat doit être exempt de toute discrimination sous peine de sanctions pénales, aussi soyez vigilant dans la présentation de votre refus. En effet, toute personne dont la candidature a été refusée pour des raisons considérées comme discriminatoires peut solliciter des dommages et intérêts pour le préjudice subi.

Nous vous rappelons qu'il est interdit d'embaucher une personne liée à un autre employeur par un contrat de travail. Si le nouvel employeur a connaissance de l'existence de ce contrat, il est solidairement responsable avec le collaborateur du dommage causé à l'employeur précédent. D'où la nécessité de demander le certificat de travail fourni par le dernier employeur lors du recrutement si la personne est sans emploi, ou lors de l'embauche si elle était encore en activité lorsque vous l'avez rencontrée.

L'employeur, pour certains postes, doit s'assurer que le candidat n'est pas lié par une clause de non-concurrence. Les entreprises n'ont plus le droit, suite à un arrêt de la Cour de cassation, de mentionner cette clause sur le certificat de travail. C'est pourquoi il est conseillé de demander une attestation sur l'honneur.

Lors de l'embauche d'une personne étrangère, il est important de vérifier que celle-ci a un titre de séjour l'autorisant à exercer une activité professionnelle.

N'oubliez pas d'effectuer la déclaration préalable d'embauche auprès de l'URSSAF. Elle peut se faire par Internet, télécopie ou courrier. Elle doit être effectuée au plus tôt huit jours avant la date d'embauche et au plus tard le dernier jour ouvrable précédant celle-ci. L'omission de cette déclaration peut donner lieu à des sanctions pénales.

En cas de première embauche dans votre entreprise, si vous n'avez pas employé de personnel depuis plus de six mois, si vous avez changé de locaux ou d'activités ou encore d'exploitants, vous êtes tenu d'informer l'Inspection du travail préalablement à l'embauche (art. L. 620-1 et R 632-2).

Lors de votre première embauche, vous êtes également tenu de demander une immatriculation à la Sécurité sociale en tant qu'employeur dans les huit jours qui suivent celle-ci et à l'ASSEDIC dans les deux mois.

Enfin, dernier point, ne négligez pas la rédaction du contrat de travail !

CHAPITRE 7

La période d'essai

Il est indispensable de « piloter » réellement et personnellement cette phase importante d'une action de recrutement, d'autant que dans les faits elle s'avère très courte. Il faut vous donner les moyens qui vous permettront de suivre l'adaptation du nouvel embauché à son poste, de multiplier les expériences pour tester en situation réelle ses aptitudes et ses réactions et de rassembler toutes les informations souhaitables pour, en dernier ressort, décider de l'embauche définitive.

Accueillir le nouvel embauché

L'accueil d'un nouveau collaborateur mérite d'être réussi. En effet, les premiers moments dans l'entreprise sont une expérience qui conditionnera sa relation à son hiérarchique et son équipe. Elle colorera de façon indélébile son rapport à l'entreprise. On entend souvent les griefs d'un salarié étayés par des phrases du type : « D'ailleurs quand je suis rentré… », parfois des années après le recrutement. Certaines entreprises qui ont bien compris l'importance de cette étape ont mis au point des processus d'accueil très élaborés.

L'accueil d'un candidat ne se fait pas au hasard le jour de son arrivée. Tout d'abord, il vous faut *bien choisir le jour* de sa prise de fonction et vous assurez que vous serez présent et disponible pour l'accueillir. Aussi notez cette date sur votre agenda.

Il comporte un certain nombre de points de passage obligés dont la teneur variera avec le type d'entreprise auquel vous appartenez. Un médecin qui recrute son assistant(e) n'aura pas à gérer le même degré de complexité qu'un chef d'équipe d'une dizaine de personnes, appartenant à une entreprise de cinq cents personnes. Toutefois le processus reste le même.

1. Expliquer l'organigramme de l'entreprise et, si possible, lui remettre un document afin qu'il comprenne le système dans lequel il s'inscrit.
2. Décrire votre service et les grandes lignes de son organisation. Développer les valeurs qui règnent au sein de votre équipe afin qu'il intègre également la dimension humaine de celle-ci.
3. Faire faire le tour des locaux, le présenter aux personnes clés de l'entreprise et à votre équipe. Enfin, l'installer à son poste de travail en faisant le point des outils mis à sa disposition. Si vos collaborateurs et/ou vous-même commencez la journée par une pause café, commencez l'accueil à cet instant car c'est un moment très convivial d'intégration.
4. Faire le point des règles et rituels pratiqués. Rappeler les horaires, les conditions de travail spécifiques. Les rituels sont les habitudes qui régissent le fonctionnement d'un groupe : pause café commune à une heure déterminée, lieu de repas, règle de non-dérangement par exemple lorsque la porte est fermée, jour et heure de réunion...
5. Remplir les formalités administratives.

Structurer la prise de fonction

L'objectif est que la personne assume pleinement la fonction le plus rapidement possible. Là encore, le degré de complexité est extrêmement variable. Si nous reprenons nos exemples, le poste de webmaster doit pouvoir être complètement assumé sous trois mois, comme également celui d'assistant(e) juridique; celui de chargé(e) de mission est assorti d'une période probatoire de vingt-quatre mois en raison d'une année de formation; celui de chef d'atelier en six mois.

Ces différences doivent néanmoins permettre, dans la plupart des cas, de parvenir à la fin de la période d'essai en ayant tous les éléments pour décider de l'embauche définitive et, dans les autres cas, seulement avec de fortes présomptions. C'est pourquoi bon nombre d'employeurs utilisent un contrat à durée déterminée dont la durée est plus longue que la période d'essai afin d'avoir le temps de valider leur choix. Toutefois cette pratique, pour rester dans la légalité, est soumise à certaines conditions : remplacement d'un salarié absent, attente de l'entrée effective dans l'entreprise d'un collaborateur recruté sous contrat à durée indéterminée, accroissement temporaire de l'activité, réalisation de travaux nécessités par des mesures de sécurité ou commande exceptionnelle à l'export.

La structuration de la prise de fonction consiste tout d'abord à faire le point avec le nouveau collaborateur sur le contenu du poste. Il importe de lui remettre la description du poste, de la commenter de façon détaillée afin de lui donner une représentation précise de ce que vous attendez de lui quand il sera « au top » de la fonction. Cette représentation va lui permettre *d'avoir une vision claire de la cible à atteindre et de canaliser son investissement dans sa prise de fonction*. Cette démarche est beaucoup plus efficace que celle consistant à lui donner d'abord quelques tâches à accomplir puis, au fil du temps, d'en ajouter d'autres, car il n'aura pas les moyens de mesurer son degré d'avancement par rapport à ce que vous attendez vraiment de lui.

Une fois le contenu de la fonction, les critères de performance et les moyens mis à disposition bien clarifiés, il vous faut définir les étapes du processus d'intégration. *Qu'attendez-vous que la personne assume immédiatement ? Quelles attributions devra-t-elle assumer à terme et dans quels délais ? Quelles formations ou informations allez-vous lui apporter ?* Cette phase doit déboucher sur un plan de prise de fonction dont les étapes sont bien balisées. Vous ferez à chaque étape le point avec le collaborateur pour apprécier sa progression par rapport au plan d'action. Vous mesurerez les écarts éventuels et prendrez les mesures correctrices. Cette structuration de la prise de fonction peut être soit plus courte que la période d'essai, soit beaucoup plus longue, selon la complexité du poste. C'est pourquoi elle est à distinguer du pilotage de la période d'essai.

Piloter la période d'essai

La période d'essai est une période pendant laquelle vous testez en réel le candidat. Elle fait partie du processus de recrutement. Elle s'avère toujours extrêmement courte. Elle est fixée par les conventions collectives ou les usages professionnels. Dans la plupart des cas elle est de trois mois pour l'encadrement et d'un mois pour les ouvriers et employés. Elle est renouvelable une fois si votre conviction n'est pas établie dans le laps de temps accordé par la loi. À son issue, vous devez décider si vous transformez l'essai en une embauche définitive. Vous êtes dans l'obligation d'informer le candidat de votre décision avant la fin de la période d'essai. Il est vivement conseillé de *noter cette échéance sur votre agenda*, le temps passe très vite. Vous risquez de laisser passer la date (auquel cas l'embauche définitive est automatique) ou de ne pas accomplir cet acte de management essentiel qui est de confirmer, dans les délais, à un collaborateur votre décision de l'intégrer définitivement dans votre équipe.

La période d'essai mérite d'être conduite avec rigueur. Elle comporte quelques aspects essentiels.

1. Indiquer au collaborateur sur quoi portera l'évaluation en fin de période d'essai.
2. Faire un point régulier sur les aspects positifs et négatifs de sa prise de fonction. Des entretiens formels et réguliers sont nécessaires car ils permettent de prendre le temps d'échanger, de donner toutes les informations nécessaires et de créer des espaces de temps pour que la personne exprime toutes ses interrogations. Ces temps de communication sont importants pour qu'un candidat perçoive l'entreprise, son climat et ses valeurs et qu'il intègre ce que vous attendez de lui sur un plan plus qualitatif et informel.
3. La période d'essai est le dernier tamis du processus de recrutement. *Il faut l'utiliser au maximum* pour collecter toutes les informations nécessaires et étayer votre choix définitif. Cela nécessite, avant l'arrivée du nouveau collaborateur, de définir les points essentiels et les points critiques sur lesquels vous désirez avoir des assurances, qui vous apporteront la garantie qu'il est bien à même, dans le temps prévu, de remplir le rôle que vous attendez de lui. La période de travail n'offre pas forcément l'opportunité de tester tous ces points clés, *aussi faut-il parfois créer l'événement* qui permettra de juger en situation.

Par exemple, reprenons le poste d'assistant(e) juridique. Les trois aspects essentiels à valider obligatoirement sont la fiabilité, la capacité de travailler dans l'urgence sur plusieurs dossiers à la fois et la flexibilité au niveau des horaires. Les autres seront vérifiés sans difficulté dans le travail quotidien. Il va donc falloir lui donner un certain nombre de choses à faire à certaines échéances très courtes et à d'autres plus longues et vérifier, d'une part si effectivement celles-ci sont respectées sans avoir besoin d'être rappelées et, d'autre part si la personne remonte l'information en cas de difficulté ou d'impossibilité. Pour la capacité de travailler dans l'urgence sur plusieurs dossiers, la réalité peut se charger de créer l'épreuve. Si ce n'est pas le cas, vous allez devoir la créer et, par exemple, soumettre la personne sur une période de plusieurs jours à un afflux de travail pour plusieurs clients, assorti d'une aide à apporter à d'autres collaborateurs du cabinet. Cela permettra d'observer son comportement, sa résistance au stress et son efficacité. Et enfin, pour la flexibilité au niveau des horaires, il suffira de lui demander à plusieurs reprises de rester le soir ou de venir travailler un samedi matin tout en respectant les délais de prévenance.

CHAPITRE 8

L'embauche définitive

C'est la dernière décision de ce processus. Elle est aussi celle qui vous engage durablement dans une relation professionnelle. Elle est prise en fonction des données et informations complémentaires collectées tout au long de la période d'essai et destinées à valider votre choix.

Décider de l'embauche définitive

D'un poste à pourvoir, vous vous retrouvez face à un nouveau collaborateur en puissance, sélectionné selon un processus précis.

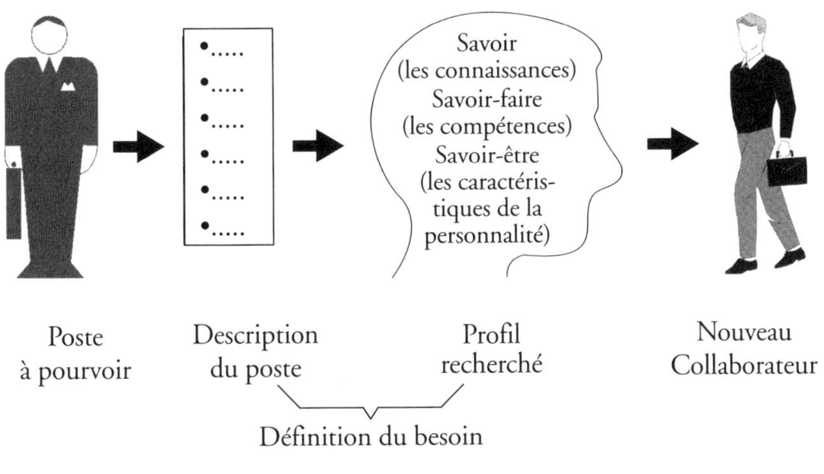

Fait-il définitivement l'affaire ?

La prise de fonction ayant été bien structurée et la période d'essai efficacement pilotée, vous avez toutes les informations sur le candidat pour décider de son embauche définitive.

1. Reprenez la description de poste et le plan de prise de fonction et analysez les résultats obtenus. *La personne a-t-elle assumé ce qui était prévu et a-t-elle démontré l'existence d'un potentiel indispensable pour assumer dans le temps la fonction confiée ? Si ce n'est pas le cas, quels sont les écarts ? Quelles en sont les conséquences ?*
2. Reprenez le profil du poste et faites le point des compétences et caractéristiques de personnalité dont vous avez eu la démonstration. *Quelles sont celles qui ne sont pas confirmées ? Quelles en sont les conséquences ?*
3. *La personne est-elle bien intégrée dans l'équipe et dans l'entreprise ? A-t-elle trouvé sa place ? La coordination avec vous-même et avec les autres est-elle harmonieuse ?*

Cette analyse doit vous permettre d'asseoir votre décision sur des données objectives et exhaustives.

Beaucoup d'employeurs ou de hiérarchiques hésitent à ne pas confirmer l'embauche définitive quand ils se trouvent confrontés à un candidat qui ne correspond pas complètement à la personne dont ils ont besoin. Cette hésitation s'explique pour deux raisons : l'une est que le poste est en partie assumé et ils ne se trouvent pas en pénurie d'effectif, l'autre est la crainte d'avoir à recommencer un recrutement. C'est souvent un mauvais choix d'accepter ce compromis. Bien sûr, à court terme, ils vont être « dépannés », mais à plus long terme c'est leur performance qui en pâtira.

Conclusion

Un recrutement est un acte de management passionnant.

Il est comparable à la construction d'un puzzle.

Réussir un recrutement apporte la satisfaction que l'on éprouve au moment où l'on met la dernière pièce du puzzle; cet instant privilégié où, après avoir assemblé les pièces l'une après l'autre, avec rigueur et méthode, se révèle d'un coup sous nos yeux le tableau espéré dans sa totalité et sa perfection.

Les méthodes et techniques évoquées tout au long de cet ouvrage ne sont pas une fin en soi. Elles sont des moyens pour atteindre un but qui est la rencontre entre deux problématiques : vos besoins et les aspirations d'une autre personne.

Regardez, observez les candidats avec la saine curiosité de celui qui cherche non pas à juger mais à comprendre. Acceptez que les candidats fassent de même à votre égard.

Installez ce que nous avons déjà évoqué, à savoir une stratégie gagnant/gagnant; c'est la condition d'une vraie réussite.

Recruter est le premier des actes de management, avons-nous dit au début de ce livre. Comme tous les actes de management, il se doit de conjuguer humanisme et efficacité.

Annexes

Liste des principales caractéristiques de personnalité

Il n'est pas toujours facile de nommer les caractéristiques de personnalité que l'on recherche ou celles que l'on détecte chez un candidat. La langue française est extraordinairement riche en la matière. C'est pourquoi nous annexons cette liste non exhaustive comportant les savoir-être les plus fréquemment recherchés lors d'un recrutement. Pour rendre ces caractéristiques opérationnelles, il est intéressant de les assortir de la réalité quotidienne qu'elles recouvrent pour le poste analysé, afin de déterminer précisément la qualité que l'on recherche chez un candidat. En effet, l'autonomie pour un commercial en permanence en déplacement est très différente de l'autonomie d'une assistante ou d'un chef d'équipe.

Actif : « qui agit, qui manifeste de l'énergie, qui agit efficacement ». Contraire de passif « qui subit, n'agit pas de soi-même ».

Adaptable : capacité à moduler son comportement en fonction de l'environnement et des interlocuteurs.

Aisance relationnelle : facilité à entrer en contact avec les autres, à établir une communication.

Aisance verbale : s'exprimer avec facilité et naturel.

Ambition : désir ardent de réussir.

Analytique : capable de décomposer un problème ou une situation, d'en discerner les différentes parties, et de déterminer les rapports qu'elles entretiennent entre elles. (Contraire de *synthétique*)

Apprendre (aime) : a le désir d'acquérir des connaissances et/ou des compétences.

Autonomie : capacité à décider et à agir par soi-même, sans avoir besoin d'en référer à quelqu'un.

Avant-gardiste : être en avance sur son temps par son audace et ses recherches.

Calme : absence d'agitation et de nervosité, tranquillité, maîtrise de soi.

Capacité de travail (forte) : aptitude à absorber de fortes charges de travail sans perdre en efficacité.

Chaleur humaine : qui manifeste enthousiasme et cordialité.

Changement (capacité de) : être à même de modifier ses habitudes et ses méthodes de travail.

Changement (savoir provoquer) : être capable d'impulser et de mettre en œuvre des changements dans une organisation.

Combativité : qui est stimulé par la lutte, la compétition.

Communicant : qui établit aisément une relation, une communication avec autrui.

Confidentialité : capable d'être discret, de ne pas divulguer les informations qui lui sont confiées.

Conflit : capable de gérer des situations conflictuelles.

Conscience professionnelle : exercer avec soin, sérieux et honnêteté son métier.

Conseil (aptitude au) : qui sait guider, orienter les autres par ses recommandations.

Contacts humains (goût des) : personne qui aime entrer en rapport, en relation avec les autres.

Contrôle émotionnel : aptitude à dominer ses émotions.

Convaincre (capacité à) : savoir, à l'aide d'arguments, persuader.

Créativité : capable de créer, d'inventer, d'imaginer des choses et des idées nouvelles et/ou originales.

Curiosité : animé du désir d'apprendre et de comprendre.

Décision (aptitude à la prise de) : être capable, à partir de l'analyse d'une situation ou d'un problème, d'arrêter un choix.

Diplomatie : qui fait preuve d'habileté, de tact dans les relations avec autrui.

Disponibilité : ce terme a deux acceptions dans la vie professionnelle : donner de son temps, avoir l'esprit dégagé de toute préoccupation.

Dynamisme : qui fait preuve d'entrain et d'efficacité, qui déborde d'énergie.

Échec (capacité à surmonter) : garder sa motivation et son efficacité dans des situations où l'on n'atteint pas les résultats escomptés.

Écoute (capacité d') : être attentif et réceptif à la parole d'autrui.

Équipe (capacité à travailler en) : savoir articuler harmonieusement son travail avec celui d'autres personnes.

Équipe (esprit d') : esprit de solidarité.

Éthique : qui respecte des règles de conduite conformes à la déontologie.

Évolutif : susceptible de progresser.

Excentricité, fantaisie : personnalité originale extravagante.

Fiabilité : personne a qui l'on peut faire confiance.

Flexibilité : susceptible de s'adapter aux circonstances.

Indépendance : qui aime travailler seul et vit mal les contraintes, la sujétion.

Intégrité : qualités de probité et d'honnêteté.

Leadership : aptitude à manager des hommes.

Maturité : parvenu à un plein développement physique, affectif et intellectuel.

Méthodique : manière ordonnée d'agir, capacité à suivre des étapes, un procédé logique pour réaliser une tâche ou parvenir à un résultat.

Négociation : capacité à mener des discussions, des pourparlers pour aboutir à un accord.

Ordre : capacité à classer et ranger.

Organisation : qui sait préparer et coordonner pour maintenir un bon fonctionnement ou atteindre un but précis.

Ouverture d'esprit : être réceptif aux idées, aux opinions des autres.

Perfectionnement (désir de) : cherche en permanence à s'améliorer, à progresser.

Perfectionnisme : recherche excessive de la perfection en toute chose.

Persévérance : quelqu'un qui demeure ferme et résolu dans une décision ou une action entreprise quelles que soient les difficultés.

Perspicacité : qualité d'une personne qui comprend et juge avec clairvoyance, sagacité et finesse.

Pointilleux : exigeant dans les détails.

Ponctualité : qualité d'une personne exacte, régulière, qui arrive à l'heure.

Procédures (capacité à respecter des) : qui applique les règles et consignes définies.

Prospectif : capable de prendre en compte l'avenir dans des décisions du présent.

Rapidité d'exécution : qui agit avec vivacité et promptitude.

Responsabilité (sens des) : aptitude à prendre des décisions et à en assumer les conséquences.

Réussir (désir de) : désir de réaliser ses ambitions.

Rigueur : grande exactitude et rigueur intellectuelle, refus de tout laxisme.

Service (sens du) : avoir le désir de se rendre utile, apporter spontanément une aide aux autres.

Sociabilité : qui manifeste la faculté d'entretenir de bonnes relations humaines.

Stabilité : qui manifeste de la constance et de la permanence.

Synthétique : aborde les situations de façon globale, considère les choses dans leur ensemble. Capacité à aller à l'essentiel.

100 questions à poser à un candidat

Cette liste de questions a pour objectif de vous fournir une « banque de données » dans laquelle vous pourrez puiser pour bâtir un guide d'entretien. Ne pas oublier de les assortir des caractéristiques que vous cherchez à faire émerger chez les candidats; elles seront à déterminer en fonction du poste, des profils que vous allez attirer et du contexte.

- Pourquoi avez-vous choisi ces études ? Ce métier ?
- Quels diplômes avez-vous obtenus ? Quand ? Comment ?
- Qu'est-ce qui vous a le plus intéressé ? Pourquoi ?
- Qu'est ce qui vous a le moins intéressé ? Pourquoi ?
- Comment avez-vous mis en œuvre les connaissances acquises ?
- Quelles autres études auriez-vous aimé suivre ? Pourquoi ?
- Pourquoi avez-vous choisi telle entreprise ?
- Pourquoi avez-vous choisi tel ou tel poste ?
- Comment l'avez-vous obtenu ?
- Quelles sont les dates de prise de fonction et de départ ?
- Quelles étaient vos principales activités/responsabilités ?
- Comment procédiez-vous pour… ?

- Quelles sont celles que vous préfériez ? Pourquoi ? Comment les réalisiez-vous ?
- Quelles sont celles que vous aimiez le moins ? Pourquoi ? Comment les réalisiez-vous ?
- Quels résultats avez-vous obtenus ?
- Quelle était votre environnement de travail ? Qu'est-ce qui vous plaisait ou déplaisait ?
- Quels sont les motifs de départ ?
- Comment s'est passé votre départ ?
- Quelles sont les compétences que vous avez mises en œuvre pour assumer telle fonction ?
- Racontez-moi les premiers jours de votre prise de fonction ?
- Quelles formations complémentaires avez-vous faites et pourquoi ?
- Racontez-moi une expérience professionnelle importante pour vous ?
- Quel est le projet le plus important sur lequel vous avez travaillé ? Comment cela s'est-il passé ?
- Quelles sont les capacités que vous n'avez pas pu exprimer ?
- Quel genre et quel niveau de décision aviez-vous à prendre ?
- Vous êtes-vous trouvé face à un problème difficile à résoudre ? Comment avez-vous fait ?
- Racontez-moi une expérience dans laquelle vous avez eu de sérieuses difficultés ?
- Quelle est votre meilleure expérience ? Quelle est la plus mauvaise ?
- Racontez-moi une journée de travail ?
- Racontez-moi une semaine de travail ?
- Comment planifiiez-vous le travail de votre équipe ?
- Quelle était votre charge de travail dans ce poste ? et celle de vos collègues ?
- Qu'avez-vous appris dans ce travail ?
- Quelles sont vos méthodes de travail ?
- Comment gériez-vous vos priorités ?

- Parlez-moi des personnes avec lesquelles vous avez travaillé dans ce poste ?
- Aviez-vous des objectifs ? Lesquels ? Quels ont été vos résultats ?
- Vous est-il arrivé de ne pas être satisfait de votre travail ? Exemples ? Comment avez-vous agi et réagi ?
- Pouvez-vous m'expliquer quels liens vous établissiez entre les objectifs de votre poste (ou service) et le fonctionnement quotidien ?
- Quelle était la place de votre service dans l'entreprise ? Quels étaient ses objectifs ?
- Comment étiez-vous évalué ?
- Comment fonctionniez-vous avec votre hiérarchie dans tel et tel poste?
- Qu'attendez-vous de votre hiérarchique ?
- Comment « tel » hiérarchique vous évaluait-il ?
- Quelles sont les situations conflictuelles que vous avez eu à vivre avec vos hiérarchiques ?
- Quelle est la personne qui vous a le plus appris ?
- Parmi les emplois que vous avez occupés, quel est celui dans lequel vous vous êtes senti le plus productif ?
- Quel environnement de travail appréciez-vous ?
- Comment fonctionnez-vous avec vos collègues ?
- Avez-vous eu des tensions avec des collègues ? Que s'est-il passé ? Comment les avez-vous vécues ?
- Quelles sont les relations les plus difficiles que vous ayez eu à vivre ?
- Quelles sont les personnes avec lesquelles vous avez eu le plus de difficultés à fonctionner ?
- Dans cette activité, comment vous articuliez-vous avec les autres personnes ?
- Vous est-il arrivé qu'on vous donne des coups de main ? En donniez-vous ?
- Avez-vous participé à des réalisations en dehors de votre fonction ?
- Pouvez-vous me décrire une période où vous avez été en surcharge de travail ?

- Vous est-il arrivé d'avoir des conflits de priorité ? Comment avez-vous fait ?
- Vous est-il arrivé de travailler dans l'urgence ? Exemples ?
- Quel est votre projet professionnel ?
- Quel est le prix que vous êtes prêt à payer pour atteindre vos objectifs professionnels ?
- Quelles sont les idées que vous aviez pour apporter des améliorations à ce poste ?
- Quelles améliorations avez-vous apportées ?
- Vous est-il arrivé d'avoir des coups de bourre ? Comment faisiez-vous ?
- Quelles étaient les règles et procédures que vous aviez à suivre ? Quelles sont celles que vous avez été amené à modifier ?
- Quels sont les points sur lesquels il vous semble important de progresser ?
- Quels risques avez-vous pris dans votre vie professionnelle ?
- Quelles initiatives les plus probantes avez-vous prises à ce poste ?
- Quelle est la décision la plus importante que vous ayez eu à prendre ? Comment avez-vous procédé ?
- Quelles sont les remises en question que vous avez opérées dans votre vie professionnelle ?
- Qu'est-ce qui vous permet de penser que vous pouvez assumer le poste proposé ?
- Comment vous tenez-vous informé des évolutions de notre métier ?
- Comment managiez-vous votre équipe ?
- Que pensez-vous des collaborateurs que vous avez eus lorsque vous occupiez ce poste ?
- Comment savez-vous qu'un collaborateur est performant ?
- Comment organisiez-vous le travail de vos collaborateurs ?
- Quelles sont les principales difficultés que vous avez rencontrées avec votre équipe dans tel poste ?
- Quelle a été votre plus grande satisfaction ? Pourquoi ?
- Que déléguiez-vous à vos collaborateurs ?
- Comment formiez-vous vos collaborateurs ?

- Quels conflits avez-vous eu à gérer dans votre équipe ? Comment avez-vous procédé ?
- Avez-vous été amené à vous séparer d'un collaborateur ? Comment cela s'est-il passé ?
- Réunissiez-vous vos collaborateurs ? Pouvez-vous me raconter l'une des dernières réunions ?
- Comment organisez-vous votre prospection ?
- Comment organisiez-vous vos déplacements ?
- Parlez-moi des produits que vous vendiez ? Quels sont ceux que vous préfériez, pourquoi ? Quels sont ceux que vous aimiez le moins, pourquoi ?
- Comment assuriez-vous le suivi de vos clients ?
- Quelle a été la relation-client la plus difficile à gérer ?
- Quelle a été votre plus belle vente ?
- Quelle vente a été la plus difficile ?
- Vous est-il arrivé de défendre votre avis contre tous ?
- Quelle est la plus grosse colère que vous ayez piquée dans votre vie professionnelle ?
- Quelle a été la plus grande frustration ?
- Quelle est la personne que vous avez le plus admirée ?
- Quelle est la personne que vous avez le plus méprisée ?
- Avez-vous eu des relations amicales avec des personnes avec lesquelles vous travailliez ?
- Pourquoi postulez-vous à ce poste ? dans notre société ?
- Que savez-vous de notre entreprise ?
- Quelles sont les autres offres d'emploi auxquelles vous avez répondu? Où en êtes-vous dans le processus de recrutement ?
- Quelle a été l'expérience professionnelle la plus drôle ?

Les principales méthodes utilisées en recrutement

Lorsque vous utilisez des techniques complémentaires d'aide au recrutement, vous devez en informer préalablement le candidat, ainsi que le comité d'entreprise. La validité des techniques complémentaires a fait l'objet de nombreuses réflexions afin de définir celles que l'on est en droit d'utiliser lors d'un recrutement. Les textes restent très flous à ce sujet. « Les méthodes et techniques d'aide au recrutement doivent être pertinentes au regard de la finalité poursuivie » souligne le Code du travail (art. L. 121-7).

L'article L. 121-6 précise : « Aucune information concernant personnellement un candidat ne peut être collectée par un dispositif qui n'a pas été porté à sa connaissance et les résultats obtenus sont confidentiels. »

Un candidat a tout à fait la possibilité d'attaquer en justice un employeur « non pas sur son choix, car ce dernier est souverain en la matière, mais sur les moyens ayant conduit à la décision ».

L'entretien de groupe

Il est utilisé par les entreprises qui ont un grand nombre de recrutements à réaliser sur un même poste pour opérer une présélection. Il est utilisé à plusieurs niveaux de complexité. Le plus courant consiste à présenter l'entreprise et le poste et à répondre aux questions posées par les candidats. À l'issue de cette information, ceux qui ne sont pas intéressés le manifestent immédiatement et les autres participent à la suite du processus.

Dans d'autres cas, il peut être demandé aux candidats de se présenter, de réaliser une épreuve particulière ou de participer à une activité en groupe. Des professionnels déterminent, sur la base d'une grille d'observation préétablie, ceux qui sont éliminés et ceux qui sont à même d'aller plus avant dans le processus de recrutement.

Le jury

Le candidat est soumis au feu des questions de plusieurs personnes. Cette technique est surtout utilisée pour les postes où une personne aura à vivre dans sa vie professionnelle ce type de situations comportant de fortes tensions.

La graphologie

« Elle est une technique d'interprétation de l'écriture considérée comme une expression de la personnalité. » Elle apporte un éclairage sur des traits de personnalité et des comportements. Elle est utilisée de plusieurs façons. Certaines entreprises en font un outil de présélection situé entre le tri des CV et l'entretien; d'autres une information complémentaire qui vient en support de l'entretien. Sa validité est très contestée. Toutefois elle apporte, si elle est mise à sa juste place, un regard intéressant sur un candidat. Elle doit être réalisée ou lue par le recruteur après avoir reçu le candidat en entretien afin de ne pas influencer *a priori* sa perception. Lorsque le recruteur a mené l'entretien et analysé la candidature, il peut alors comparer son analyse avec les données fournies par la graphologie. Si il y a concordance, il sera renforcé dans sa décision. Si tel n'est pas le cas, cela peut lui permettre de revoir le candidat en abordant son analyse de la personne sur d'autres bases. Les résultats de l'analyse graphologique peuvent faire l'objet d'une discussion avec le candidat. Il est important, lorsqu'on souhaite avoir recours à la graphologie de prendre un certain nombre de précautions. La profession de graphologue, n'est pas réglementée, toutefois deux appartenances constituent des références : la Société française de graphologie (SFDG) et le Groupement des graphologues conseils (GGCF).

Ces deux organisations fournissent la liste de leurs membres; cette liste est accessible sur Minitel ou Internet. Un graphologue, pour remplir valablement sa mission, doit avoir connaissance de la description et du profil du poste afin de cibler son investigation sur vos besoins.

Les tests

Ils sont extrêmement nombreux et doivent être considérés comme une aide à la décision, un éclairage complémentaire sur le candidat. Tous les tests qui existent sur le marché nécessitent une formation et sont soumis à des conditions d'utilisation.

Plusieurs possibilités sont offertes aux recruteurs. Des recrutements en nombre vont être à réaliser et une formation à la passation des tests peut être envisagée. Toutefois, la plupart de ces formations sont réservées à des professionnels des Ressources Humaines ou des psychologues.

Il est possible de faire appel à des cabinets spécialisés avec lesquels vous sélectionnerez les tests qui correspondent à votre besoin en fonction du poste à pourvoir. Les candidats présélectionnés seront adressés à ce cabinet pour la passation.

Les différentes catégories de tests sont :

- Les tests de connaissance qui évaluent la culture générale d'un candidat ou ses connaissances dans des domaines précis.
- Les tests de personnalité qui ont pour objectif de dresser un profil d'une personne selon des critères spécifiques.
- Les tests d'efficience comportant les tests d'intelligence et les tests d'aptitudes mentale et technique.

Les deux organisations spécialisées dans ce domaine sont *Les Éditions et Applications psychologiques* (EAP) et *Les Éditions du Centre de Psychologie Appliquée* (ECPA). Depuis 2004, ces deux organismes se sont rapprochés et tous les tests sont diffusés par les ECPA.

La société SHL2 propose également un certain nombre de moyens d'évaluation dans les différentes sphères des Ressources humaines. Elle édite notamment le très connu OPQ32.

Il est à rappeler que l'élaboration de tests ne peut être réalisée valablement que par des professionnels dûment formés. C'est un métier !

- Les tests doivent être construits selon « des règles scientifiques rigoureuses, qui répondent aux critères indispensables de fidélité (stabilité des résultats et cohérence de ces mêmes résultats), de validité (conceptuelle, de construction, critérielle, convergente…) et de sensibilité ».

Les centres d'évaluation

Ils sont également appelés *assessment centers*. Ils réalisent un ensemble de prestations : tests de personnalité, tests cognitifs, bilans comportementaux, mises en situations, entretiens… Les sessions durent deux à trois jours.

Corrigés des exercices

Ci-dessous les corrigés des exercices du chapitre 5.

Corrigé de l'exercice 1 : Déterminez pour chaque affirmation s'il s'agit d'un fait, d'une opinion ou d'un sentiment

	Fait	Opinion	Sentiment
1. La vie est belle.		×	
2. Judith est toujours en retard.		×	
3. Le café est prêt.	×		
4. J'ai beaucoup appris dans ce travail.		×	
5. J'ai de nombreux absents dans mon équipe.		×	
6. La plupart des clients sont sympas.		×	
7. Léa est arrivée trois fois en retard cette semaine.	×		
8. Je suis heureuse de travailler avec vous.			×
9. Je serai trois jours en stage la semaine prochaine.	×		
10. Je vais encore en stage la semaine prochaine.		×	
11. Il fait un temps superbe.		×	
12. Ma mission consistait à tenir la comptabilité fournisseurs.	×		
13. Je suis très triste de ne pas avoir pu mener à bien cette mission.			×
14. Je me suis mal entendu avec mon hiérarchique.		×	

	Fait	Opinion	Sentiment
15. J'ai envoyé beaucoup de candidatures.		×	
16. J'ai postulé auprès de quinze entreprises.	×		
17. Le poste que vous proposez m'intéresse.		×	
18. La fin justifie les moyens.		×	
19. Je suis très bon en négociation.		×	
20. Je travaille beaucoup.		×	
21. Je travaille soixante-cinq heures par semaine.	×		
22. J'aime vendre.		×	
23. Dans mon précédent emploi, j'ai concrétisé une vente sur trois prospects.	×		
24. J'en ai marre de faire le boulot des autres.			×
25. Je suis fatigué.		×	
26. Je n'en peux plus de recevoir des réponses négatives.			×
26. Ce travail m'a beaucoup plu.		×	
27. Il faut faire confiance à ses collaborateurs.		×	
28. J'ai fait un bon chiffre la semaine dernière.		×	
29. J'ai signé trois contrats et réalisé 1 500 euros de chiffre d'affaires la semaine dernière.	×		
30. Je suis vraiment heureux de mes performances de la semaine dernière.			×
31. Je suis nul en comptabilité.		×	
32. Je ne sais pas tenir une comptabilité.	×		
33. Dans cette fonction, le téléphone me prenait trois heures par jour.	×		
34. Je faisais les commandes de fournitures de bureau.	×		
35. J'ai quitté ce poste parce qu'on a changé mes horaires de travail.	×		

Corrigé de l'exercice 2 : Déterminez pour chaque question la catégorie à laquelle elle appartient

	Ouverte		Fermée	
	Neutre	Influencée	Neutre	Influencée
1. Êtes-vous majeur ?			×	
2. Pourquoi avez-vous choisi ce travail ?	×			
3. Pratiquez-vous un sport ?			×	
4. Que pensez-vous de cet article ?	×			
5. Irez-vous à la réunion ?			×	
6. Pourquoi avez-vous choisi un travail aussi pénible ?		×		
7. Ne pensez-vous pas que nous devrions réduire davantage le temps de travail ?				×
8. Quand souhaitez-vous que nous nous rencontrions ?			×	
9. Préférez-vous un rendez-vous en début ou en fin de journée ?			×	
10. Êtes-vous d'accord avec la décision prise par le groupe ?			×	
11. Que pensez-vous de la décision prise par le groupe ?	×			
12. Êtes-vous vraiment d'accord avec cette décision ?				×
13. Que pensez-vous de cette décision inadmissible ?		×		
14. Que faisiez-vous dans ce poste ?	×			
15. Quand êtes-vous libre pour prendre cette fonction ?			×	

	Ouverte		Fermée	
	Neutre	Influencée	Neutre	Influencée
16. Avez-vous une clause de non-concurrence ?			×	
17. Vous n'avez pas une clause de non-concurrence au moins ?				×
18. Proposez-vous toujours des solutions face à un problème ?				×
19. Quelles compétences avez-vous développées dans cette fonction ?	×			
20. Savez-vous analyser un bilan ?			×	
21. Que pensez-vous du poids de la hiérarchie ?		×		
22. Que pensez-vous de cette pratique inadmissible qui consiste à n'embaucher que des CDD ?		×		
23. Racontez-moi une journée de travail ?	×			
24. Racontez-moi comment vous organisiez votre journée ?		×		
25. Êtes-vous flexible au niveau des horaires ?			×	
26. Êtes-vous un bon délégant ?				×
27. Vous êtes, bien sûr, flexible au niveau des horaires ?				×
28. Ne pensez-vous pas que nous devrions arrêter cet exercice ?				×

049786-(I)-(1,5)-OSB 100°-SCM-VCT

STEDI MEDIA, 1, boulevard Ney, 75018 Paris
Dépôt légal, Imprimeur, n° 8943
Dépôt légal : octobre 2006
Dépôt légal de la première édition : octobre 1999
Imprimé en France